Jan Mende

Magische Steine

Führer zu archäologischen Sehenswürdigkeiten in Mecklenburg-Vorpommern

THEISS

Inhalt

Vorwort

Von Mücken zerstochen und von Kopfschmerzen wegen der ungewohnten Anstrengung geplagt, schleppte ich mich heimwärts durch das morastige Gelände. Vor und hinter mir liefen bärtige Männer, rüde Witze auf den Lippen und viel zu schnell ausschreitend. Mein erster Tag auf einer archäologischen Grabung ging seinem Ende entgegen...

Was mich da gepackt hatte, ist schlecht zu beschreiben. War es die Faszination der erlebbaren Vergangenheit, war es das Geheimwissen eines „Männerbundes", oder gar der Zauber des verborgenen Ortes? Kann es sein, dass viele hundert Jahre nachdem ein Keramiktopf zu Bruch ging und beiläufig weggeworfen worden ist, Menschen Freude daran empfinden, diesen Abfall lächelnd in der Hand zu halten, ja, zu bestaunen und mit entrückt glänzenden Augen nach mehr zu gieren?

Es war im Sommer 1977, ich war dreizehn Jahre alt und entschlossen ein Archäologe zu werden. Lang war der Anmarsch durch das Naturschutzgebiet „Nonnenhof", erwartungsvoll die Überfahrt in einem alten Ruderkahn und ernüchternd die ersten Schritte auf dem „Hanfwerder", einer großen Insel inmitten des Lieps-Sees zwischen Neubrandenburg und Neustrelitz. Eigentlich war nichts zu sehen, ein flaches, bewaldetes Plateau, hier und da von Grabungsschnitten durchfurcht. Hier also lebten einst slawische Siedler, erbauten eine Wallburg, errichteten Blockhäuser, Brücken und Tempel. Vor meinem kindlichen Auge erstand alles sehr schnell neu und manchmal trauere ich dieser verlorenen Fähigkeit nach: Je öfter man seinem Forscherdrang nachgibt, je mehr archäologisches Fundgut man in den Händen gehalten hat, desto flüchtiger wird die Faszination des Materials.

Sechzehn Jahre später fertigte ich für die rekonstruierte Tempelburg im Freilichtmuseum von Groß Raden bei Sternberg eine acht Meter hohe Götterstele. Beim Aufrichten des Stammes im Zentrum der Burg, als mehr als zwanzig Helfer mit Stützen und Seilen den „Götzen" scheinbar mühelos empor schoben und zogen, stellte sich ein ähnliches Gefühl ein: ja, so kann es damals gewesen sein... Ich begann, mich erneut den vorgeschichtlichen Denkmalen Mecklenburg-Vorpommerns zuzuwenden. Bis heute suche ich mitunter versteckt liegende Hünengräber und Burgwälle oftmals ganz alleine auf und genieße den Zauber, den sie verströmen. Vielleicht regt dieses Buch auch Sie an, sich von der Magie dieser Orte verführen zu lassen.

Dazu werden in vier Kapiteln Bereiche des religiösen Lebens von der Steinzeit bis zum slawischen Mittelalter vorgestellt. Ein weiteres Kapitel widmet sich den später entstandenen Sagen und Erzählungen, die sich um die Bodendenkmale Mecklenburgs und Vorpommerns ranken.

Jan Mende

Einleitung

Eingestürztes Steinkammergrab bei Zennor auf Cornwall/England

Beeindruckende Megalithgräber und mächtige Grabhügel prägen unsere Landschaft und besitzen ein Alter, dass einem schwindelig werden kann. Geheimnisvolle Steinkreise, in Wäldern verborgen und im Morgennebel besucht, können uns eine Ahnung von spirituellen Tätigkeiten und längst vergessenen Kulten geben.

Die gewaltigen Erdwälle der Slawen künden von kriegerischen Zeiten, von Angst, Kampf, Flucht und Siegen, aber auch von religiösen Feiern, von Opferfesten und ausgelassenen Gelagen. Diese noch heute sichtbaren Monumente unserer Vorfahren sind in gewissem Sinne „interzeitlich", sie sind Belege für einen punktuellen Stillstand in der Zeit.

Es gibt Versuche, diese Stätten der Vorzeit in das öffentliche Licht zu stellen, sie gar touristisch zu erschlie-

ßen. Bieten sie doch die Möglichkeit individuell Vergangenheit jenseits steriler Museumsvitrinen und argusäugiger Aufsichtskräfte zu erfahren. Meist aber liegen sie unbeachtet am Wege, nur wenige Menschen können Auskunft darüber geben. Im landläufigen Verständnis ist die Vorzeit eben grau. Ein entsprechendes Ansehen genießen unsere einheimischen Bodendenkmale.

Ganz anders ist es in unseren Nachbarländern. Die Kilometer langen megalithischen Steinalleen an der französischen Atlantikküste zählen zu den Touristenattraktionen dieser Landschaft. In England gehört es an Feiertagen zum guten Ton, zu den berühmten Plätzen der Ahnen zu pilgern: Das Kreidezeichen „White Horse" und das Megalithgrab „Waylands Smithy" bei Oxford, die riesigen Erd-

In einem Buchenhain befindet sich das Megalithgrab von Katelbogen, Lkr. Güstrow

wälle von Avebury und der gewaltige Steinkreis von Stonehenge werden zu bestimmten Zeiten, das ist gleichzeitig die Kehrseite, regelrecht okkupiert von Ausflüglern. Natürlich gesellen sich zu ihnen auch in Deutschland esoterisch orientierte Menschen, die am „heiligen Ort" Erdenergien nachspüren und Sonne oder Urmutter Erde anbeten wollen. Das dabei schnell gesicherte archäologische Kenntnisse zu Gunsten von Inspiration und Ahnung beiseite geschoben werden, mag verschmerzbar sein. Kritisch wird es aber da, wo man auf fragwürdige Weise einem Germanentum der Vorzeit huldigt und damit einzelne Bodendenkmale und die Archäologie schlechthin in Misskredit bringt. Vielleicht trägt dieses Buch zu einem Umdenken bei. Die Erbauer dieser vorgeschichtlichen Anlagen sind im weitesten Sinne unsere Vorfahren gewesen; was wir hier sehen können, ist authentisch und uralt, es ist unsere eigene Geschichte.

Sie werden bei der Lektüre dieses Buches bemerken, dass bei Beschreibung und Erklärung der prähistorischen Denkmäler oft bei Vermutungen stehen geblieben wird. Hier gibt es Erkenntnislücken, die offenbar auch durch weitere Ausgrabungen nicht mehr zu schließen sind. Dieses Nichtwissen ist naturgemäß dort besonders groß, wo man in weit vor unserer Zeit liegende Bereiche vordringt. Die jungsteinzeitlichen Megalithgräber geben uns daher die größten Rätsel auf. These steht gegen These. Eine wirklich überzeugende Erklärung der Motive und Ideen, die zum Bau dieser Anlagen führten, wird sich anscheinend nie finden lassen. Der Archäologie sind Grenzen gesetzt. Was heute gefunden wird sind Dinge, die sich aufgrund ihrer Resistenz gegen Zersetzung erhalten haben: Steine, Scherben, metallenes Werkzeug, manchmal Knochen, selten Holz. Alles andere ist längst verfault, zerfressen oder verbrannt. Und selbst das Vorhandene kann sich erfolgreich jedem Deutungsversuch widersetzen. Schließlich gelangen derartige Gegenstände nicht in unsere Hände, weil die Adressaten willentlich bestimmte Informationen für uns deponierten. Wir haben uns damit abzufinden, dass nicht alles nach unseren Maßstäben erklärt werden kann; oft muss es ausreichen, das Rätsel, das Unwissen als solches zu respektieren. Zu diesem Verständnis gehört auch die Achtung vor den Hinterlassenschaften der Altvorderen. So opferte man beispielsweise den Göttern bestimmte Gegenstände indem man sie ins Moor warf, und man vergrub mit Leichenbrand gefüllte Urnen, um sie auf ewig dem menschlichen Zugriff zu entziehen und sie nicht späteren Generationen zur Bestückung von Museumsvitrinen zur Verfügung zu stellen.

Wohnung der Ahnen

Die Megalithgräber der jüngeren Steinzeit

Als die geheimnisvollsten und beeindruckendsten Stätten der mecklenburgisch-vorpommerschen Vorzeit gelten ohne Zweifel die Großsteingräber. Große Felsbrocken, Findlinge bis zu dreißig Tonnen Gewicht sind vor mehr als fünftausend Jahren zusammengeschoben und übereinander geschichtet worden. Steinerne Häuser von teilweise über zehn Metern Länge entstanden auf diese Weise, mit Seitenwänden aus Felsblöcken, die die mächtigen Decksteine zu tragen hatten. Größtenteils noch umgeben von einem meist rechteckigen Hünenbett, das ist eine Trockenmauer aus kleineren Findlingen, und von einem Erd-

hügel überdeckt, waren die Grabkammern nur über Kriechgänge zu betreten. Auch diese tunnelartigen Zugänge bestanden aus Steinen und konnten mitunter durch von oben einzuschiebende Felsplatten regelrecht verschlossen werden.

Ohne Kran und Flaschenzug

Wir stehen heute angesichts derartiger Monumentalität ratlos da. Man stelle sich vor: Zum Bewegen der Gesteinsbrocken stand einzig die Muskelkraft von Menschen und Rindern zur Verfügung, sicher potenziert durch Rollen und Hebel. Jedoch, Flaschenzug und Hebewinde waren unbekannt, von Stahlseilen und Kränen ganz zu

Ein mächtiger Deckstein liegt auf dem Großsteingrab von Damerow, Lkr. Demmin

Unter einer Eiche findet sich dieses Hünengrab bei Liepen, Lkr. Bad Doberan

schweigen. Ein immenser Arbeitsaufwand für Häuser aus Stein, deren vordergründiger Sinn in der Deponierung menschlicher Knochen bestand, während die Lebenden mit primitiv zu nennenden Flechtwandhütten vorlieb nahmen.

Die Vorstellung ist verwirrend. Jahrtausendelang durchstreiften steinzeitliche Jäger die Landschaft. Zufrieden mit dem was die Natur ihnen bot, hinterließen sie kaum Spuren. Dann tauchten die ersten Bauern auf, in der Regel sesshafte Menschen, die den Wald mit Feuer und Steinaxt rodeten, den Boden mit Hacken bearbeiteten, Korn säten und ernteten. Dieser Umbruch markiert den Beginn unserer Zivilisation. Und bereits damals versuchte man, auch wenn dieser Aspekt sekundär gewesen war, der eigenen kurzen Existenz etwas Bleibendes entgegenzusetzen. Mit den steinernen Totenhäusern ist es zweifellos gelungen.

Viele Megalithgräber, wie die Großsteingräber von griechisch mega = groß und lithos = Stein auch genannt werden, existieren heute noch; sie sind die ältesten Bauwerke dieses Landstriches. Man hat sie vor allem im 19. Jahrhundert dem Bau von Gutsanlagen, gepflasterten Chausseen und Kaimauern geopfert. Der verbliebene Rest, in Mecklenburg-Vorpommern sind es immerhin über 400 Objekte, ist nur ein Bruchteil des ehemals Vorhandenen. Archäologische Untersuchungen erweiterten das Wissen um die Architektur und die Ausstattung der Grabkammern, sie förderten menschliche und teilweise tierische Knochen, Keramik, Feuerstein- und Felsgeräte, sowie Bernsteinperlen zutage. Doch damit erschöpft sich das Potenzial.

Durcheinander in der Grabkammer

Zudem entsprechen diese steinernen Monumente keineswegs unserem heutigen Verständnis von einer Bestattung. Wenn es die Erhaltungsbedingungen erlaubten, fanden sich hier die Knochen zahlreicher Menschen verschiedener Generationen, vom Kleinkind bis zum Greis, gleich ob Mann oder Frau. Jedoch kam fast nie ein vollständiges Skelett zutage; vielmehr chaotisch neben- und übereinander gelegte, teilweise zerschlagene und angenagte Schädel, Langknochen, Wirbel und Beckenteile. Möglicherweise kamen immer nur einzelne Skelettteile in die Kammer, ein Schädel oder eine Hand für das Ganze stehend. Eine Erklärung für diese grausig anmutende Befunde könnte sein, dass die Verstorbenen zunächst an einem Ort außerhalb der Kammern aufgebahrt und erst nach geraumer Zeit Teile des Knochenmaterials für die Niederlegung im Megalithbau ausgewählt wurden. Durchaus wahrscheinlich kann aber auch sein, dass man Skelettreste vorhergehender Bestattungen bei erneuten Belegungen zerbrochen und einfach zur Seite geschoben hat.

Reine Spekulation bleibt, ob die hier deponierten Knochen als eine Art Reliquie bei kultischen Handlungen Verwendung fanden und zu diesem Zweck immer wieder hervorgeholt wurden. Gleiches betrifft die Deutung als Opfergebäude und astronomisch ausgerichtetes „Observatorium". Es ist für uns schwer vorstellbar, was damals tatsächlich geschah. Wir wissen noch nicht einmal genau, wem diese Stätten des Todes damals dienten: einer Familie, einem Dorf, einem Volksstamm? Kamen nur die Überreste von sozial, materiell oder auch spirituell hervorragenden Menschen in die Grabkammer, oder handelte es sich schlicht um Körperteile getöteter Gegner? Weitere Fragen kommen hinzu. Welche Funktion hatten die Feuer, deren Reste sowohl in den Steinkammern als auch in den Zugängen, den Brücken zwischen Leben und Tod, nachgewiesen werden konnten? Sollten sie reinigend wirken, oder dienten sie bereits einer Art Sonnenkult? Für Letzteres scheint nicht zuletzt die Ausrichtung der Grabkammern nach bestimmten Himmelsrichtungen zu sprechen. Die Eingänge in die Kammern zeigen stets in südliche Richtungen, von Südwest bis Südost, jedoch nie nach Norden. Verschiedene Archäologen haben die Megalithgräber als Landmarken inter-

Grundriss und Konstruktion des Ganggrabes von Katelbogen, Lkr. Güstrow

Unter Baumgruppen verborgene Megalithgräber unweit des Recknitztales bei Gnewitz, Lkr. Bad Doberan

pretiert. Eine solche Anlage symbolisierte schließlich Macht: der immense Aufwand zur Errichtung dieser Bauten reflektierte unmittelbar die Stärke und die Möglichkeiten der Gemeinschaft. Ein Megalithgrab war damit ein materialisiertes Leistungssymbol. Nun befinden sich die Großsteinanlagen unter Umständen tatsächlich auf markanten Geländeerhebungen, wie man es von Landmarken auch erwarten würde. Ein Großteil dieser Monumente liegt aber auch versteckt in Mulden, an einem Abhang, manchmal unmittelbar an einem Bach, oder auch ganz in einer Niederung. Vielleicht spielten für die Wahl des Ortes ganz andere Beweggründe eine Rolle, die man mit unseren rationalen Erklärungsversuchen schwerlich fassen kann. Esoterisch Gesinnte mögen an spirituelle Kraftlinien denken, an ein uns unbekanntes Koordinatensystem voller magischer Örtlichkeiten.

Missionare der Megalithidee?

Jungsteinzeitliche Megalithgräber finden sich in vielen Teilen Europas, von der Iberischen Halbinsel über die französische Bretagne, Irland und Britannien bis hin nach Norwegen und Polen, freilich in den unterschiedlichsten Ausführungen und Größen. Möglicherweise stand hinter dieser landschafts- und kulturübergreifenden Megalithidee eine Religion oder Geisteshaltung von ungemeiner Anziehungskraft. Die Konzentration der Großsteingräber entlang der Küsten und Flussläufe deutet an, dass die Verbreitung dieser Idee durch zur See fahrende Menschen vorangetrieben worden sein kann.

Der Tipp

Die Großsteingräber bei Lancken-Granitz (Lkr. Rügen)

Einen knappen Kilometer südwestlich von Lancken-Granitz entfernt liegt eine der großartigsten jungsteinzeitlichen Nekropolen Vorpommerns. Sie ist von Lancken-Granitz aus über die Straße nach Burtevitz/Groß Stresow zu erreichen und befindet sich rechts im Feld am so genannten Fünffingerweg. Eine Informationstafel gibt hier Auskunft. Von den 1829 an dieser Stelle verzeichneten 19 Gräbern haben sich sieben bis zum heutigen Tag erhalten. Die anderen wurden Opfer der Flurbereinigung und des Straßenbaues. 1969 untersuchte der damalige Landesarchäologe Prof. E. Schuldt sechs der Anlagen und stellte dabei eine auffallend identische Bauweise fest.

Es handelt sich durchweg um Großdolmen in rechteckigen Hünenbetten oder Steinkreisen. Ein typisches Baudetail fand sich nicht nur hier, sondern auch an anderen Gräbern der Insel Rügen: Ein Gang, der an einer Stirnseite in die Kammer führte, mit zwei Türplatten verschlossen werden konnte und, das ist das Besondere, sogar windfangartig in die Grabkammer hineinragt. Durchwegs besaßen die Kammern drei Decksteine.

Den Abschluss der Gräbergruppe bilden zwei von Erdhügeln bedeckte Grabkammern, von denen eine zugänglich ist und mit ihren intakten Innenwänden einen hervorragenden Eindruck der damaligen Bauweise vermittelt.

↗ *Burtevitz,* ↗ *Groß Stresow*

Megalithgrab bei Lancken-Granitz

Die Beschreibung des Großsteingrabes von Klein Görnow durch David Franck im Jahr 1753 spiegelt den Wissensstand des 18. Jahrhunderts wider:

„Von der Wenden Götzendienst"

![Großsteingrab bei Klein Görnow]

Großsteingrab bei Klein Görnow, Lkr. Parchim

„Ihre Opfer legten sie auf Altäre, welche sie auf Hügeln an den Landstraßen errichteten; und da dies Land unzählige Hügel hat, so hat es auch darinn die Menge solcher Altäre gegeben. Man findet sie daher noch allenthalben, wiewohl nur selten mehr vollständig, indem die größten Steine davon, welche sich zum Bauen geschickt, nachhero anderswohin verwandt, die unschlachtigsten aber geblieben. Solcher Altar bestand aus vier großen Steinen, davon drei aufgerichtet waren, und den Fuß macht, der vierte lag darüber und machte den Tisch. An vielen Orten findet man, dass auf dreyen nicht fern voneinander liegenden Hügeln solche Altäre gewesen. Der merckwürdigste aber unter allen, die ich gesehen habe, ist auf dem Lütcken-Jörnower Felde zur linken Hand am Landwege von großen Jörnow nach Eickelberg im Amte Mecklenburg, woselbst, weil es nahe an der Warnow, sich die Wenden wohl bis zuletzt aufgehalten, wozu die Spuren von einem wohlverwahrten Schloss auf dem Jörnower Felde, jetzo noch der Burg-Wall heißet, einige Vermuthungen geben; daher dann dieses heydnische Andencken gantz unangefochten bestehen geblieben.

Es sind drei solcher Altäre, wie wir jetzo beschrieben, in einer Reihe weg vom Mittage gegen Mitternacht auf einem flachen Hügel von ungemein großen Steinen; und stehen sie alle drei noch so vollkommen mit ihren unversunkenen Opfer-Tischen, als wären sie erst gestern dahin gesetzt."

Die Hohe Nonne

Im Wald bei Witzin, unweit der Chaussee von Sternberg nach Güstrow, liegt ein längliches Hügelgrab, welches vielleicht ein Großsteingrab enthält. Der Hügel fand bereits 1367 als „Hohe Nonne" Erwähnung. Der Name geht auf die lateinische Bezeichnung „Nonus" für Zwerg zurück. In diesem Hügel wohnten einst die Unterirdischen, so erzählten die Leute der umliegenden Dörfer. Feinstes Bier sollen diese gebraut haben.

Dazu liehen sie sich einen Braukessel von einem Witziner Bauern aus und ließen ihm als Dank stets einen gehörigen Anteil Bier zukommen.

Solch ein Bier verstand in der Gegend niemand zu brauen.

Oben auf dem Berg war einst eine Öffnung zu sehen. Warf man einen Stein hinein, dann war erst nach geraumer Zeit ein dunkler metallischer Klang zu vernehmen. Tief im Berg soll nämlich eine goldene Wiege stehen, die von den Kleinen bewacht wird. Manch einer sah sich von den Erzählungen über die Schätze im Inneren der „Hohen Nonne" veranlasst, selbst einmal nachzugraben. So fertigte ein alter Grobschmied namens Schumann einen langen eisernen Bohrer an, um mit diesem „Wohrsager" Näheres zu

„Hohe Nonne" bei Witzin

erkunden. Allein er stieß stets nur auf Steine. Hartnäckiger war ein Büdner Gottschalk, der gleich mehrere Tage auf dem Hügel grub. Am dritten Tag umgab ihn so viel Katzenvolk, dass er nicht sehen konnte, wo er den Spaten ansetzen sollte. Da packte ihn ein solches Grauen, dass er nach Hause lief und seinen Plan aufgab.

↗ *Witzin*

Teufelsbackofen und Riesengrab

Der „Teufelsbackofen"

Dicht an der Chaussee zwischen Wismar und Grevesmühlen liegt im Everstorfer Forst ein „Hünenbett" aus großen Steinen. Gleich daneben befindet sich der „Teufelsbackofen". Vor langer Zeit wohnte hier ein Riese mit seiner Frau. Derselbe bestahl die Bauern wo er konnte, raubte das Vieh und zertrampelte die Felder mit seinen großen Füßen. Die Bauern beschlossen daraufhin, sich von diesem Übeltäter zu befreien und beobachteten all seine Handlungen genau, um eine günstige Gelegenheit abzuwarten.

So überraschten sie ihn eines Tages im Schlaf. Flugs kamen sie mit Hacken, Spaten und Schaufeln herbei und wälzten den Riesen in eine frisch geschaufelte Mulde. Am nächsten Morgen suchte seine Frau vergeblich nach ihm und erfuhr schließlich, dass er an der und der Stelle begraben sei. Da ging sie hin, sammelte ihre Schürze voll Steine und schüttete dieselben rings um das Grab her.

Lange währte jedoch die Trauer auf der einen und der Jubel auf der anderen Seite nicht. Noch selbigen Tags stand der Riese, dem das Grab nur ein warmes Bett gewesen war, wieder auf und betrieb seine alte Beschäftigung unvermindert weiter. Fast verzweifelten die Leute an dem starken Kerl, aber endlich entschlossen sie sich zu einem weiteren Versuch. Wieder ertappten sie ihn schlafend, wohl auch berauscht durch den Inhalt einiger bereitwillig zur Verfügung gestellter Bierfässer, und wieder gruben sie eine Erdmulde. Diesmal wurde sie aber um ein Vielfaches

Das „Hünenbett" im Everstorfer Forst ist der Sage nach die letzte Ruhestätte eines räuberischen Riesen

tiefer als die erste und als sie ihn endlich hineingewälzt hatten, zogen sie noch etliche schwere Steine, die noch vom letzten Mal neben dem Grab lagen, über seinen Leib. Diese Steine waren nun doch zu schwer für ihn. Seit dieser Zeit hat niemand mehr einen Riesen in dieser Gegend gesehen.

↗ *Archäologische Wanderungen 2, S. 87*

Gaben an die Götter

Bronzezeitliche Opferpraktiken

Schälchen auf einem Urdolmen unweit der Ostseeküste in der Gegend von Rerik

An den im Mittelpunkt des vorigen Kapitels stehenden Megalithgräbern findet man nicht selten eine leicht zu übersehende Besonderheit. Die Oberfläche vieler Decksteine und auch mancher Wandsteine sieht nämlich aus der Nähe wie zernarbt aus. Es handelt sich dabei um von Menschenhand kreisrund in die Steinoberfläche eingeriebene oder eingepickte uhrglasförmige Vertiefungen. Diese Schälchen treten meist in regellos wirkenden Gruppierungen auf und häufen sich auf manchen Steinen dutzendweise. Einig sind sich die Archäologen darin, dass diese Sitte kultisch-rituellen Charakter hat, mög-

licherweise eng dem Totenkult angegliedert ist und bereits der Bronzezeit angehört, einer Zeit also, als die ursprünglich intakten Erdhügel über den Megalithgräbern langsam abzufließen begannen und der eine oder andere Deckstein sichtbar wurde. Aber nicht nur an diesen sicher als heilig geltenden Stätten betrieb man diese Praxis, sondern auch an einzeln stehenden Findlingen.

Der Grund für das Schälchenreiben ist bislang ungeklärt, auch wenn es an Deutungsversuchen nie mangelte. So glaubte man in diesen Näpfchen Aufnahmebehälter flüssiger Opfergaben, wie Blut oder Milch, sehen zu können. Allein, diese Vertiefungen finden sich an abgeschrägten Flächen ebenso wie an senkrechten Stellen, beispielsweise an den Außenwänden der großen Steinkammern. Abgesehen von Fett oder Honig dürfte hier kaum etwas haften geblieben sein. Andernorts gab es wenig überzeugende Versuche aus den Anordnungen der Schälchen kartographische und auch astronomische Darstellungen herauszulesen.

Schwedische Elfen und irische Münzen

Auch die Befunde an mittelalterlichen Stadtkirchen, so an St. Marien in Neubrandenburg, an deren in Backstein ausgeführten Außenwänden ganz ähnliche Schälchen zu finden sind, taugen wenig als Parallele. Zwi-

schen Bronzezeit und Mittelalter liegen mehrere „schälchenfreie" Jahr-
tausende. Eine Traditionslinie ist auf
diese Weise nicht zu rekonstruieren.
Nicht unerwähnt soll aber bleiben,
dass die mittelalterlichen Schälchen
der Gewinnung von Ziegelmehl dienten. In einem kleinen Lederbeutel getragen mag der Staub als Glücksbringer
Verwendung gefunden oder, aus volks-
medizinischen Gründen eingenommen,
gegen Krankheiten bei Mensch und
Tier gedient haben. Ob diese und
andere volkskundlichen Belege aus
Mittelalter und Neuzeit tatsächlich
eine Kontinuität bis in die Bronzezeit
aufweisen, mag, wie gesagt, bezweifelt
werden. So verhält es sich beispielsweise auch mit dem irischen Brauch
Münzen in die Schälchen zu legen,
um damit die menschliche und tieri-

sche Fruchtbarkeit zu potenzieren.
In Schweden pflegte man bis ins
20. Jahrhundert hinein die den Elfen
geweihten Opfergaben in Form von
Butter, Blut oder Honig in die Schälchen zu reiben. Hier nannte man die
Schälchensteine daher „Elfenmühlen".

Kegelförmige Hügelgräber

Die in der Bronzezeit lebenden Menschen haben uns nicht nur rätselhafte
Schälchen hinterlassen.
Der Großteil der mecklenburgisch-vorpommerschen Hügelgräber stammt
aus dieser Zeit. Diese aus Erde, Sand,
Steinen und Rasensoden errichteten
Grabmale, oft auf markanten Höhen-
zügen gelegen, sind noch heute gut
sichtbar. Kegelförmig mit steilen Hän-

Am Fußweg nach Groß Nemerow befindet sich bei Klein Nemerow/Mecklenburg-Strelitz
ein buschbestandenes Hügelgrab namens „Höhentipsbarg"

gen und abgeflachter Kuppe sind sie oft nicht höher als ein bis zwei Meter. Landschaftsprägend sind die Riesen unter ihnen: das größte, zwölf Meter hoch, reckt sich bei ↗ *Sagard* auf Rügen in den Himmel. Bei ↗ *Groß Upahl* (Lkr. Güstrow) stehen mehrere Hügel dieser Art dicht beieinander, ebenso wie bei ↗ *Mollenstorf* (Müritzkreis) und ↗ *Prillwitz* (Lkr. Mecklenburg-Strelitz). Es gibt sie überall im Land.

Tatsächlich hatte sich nach Ende der Megalithkultur anscheinend auch ein Wandel der religiösen Anschauungen vollzogen. Zumindest im Gräberkult zeichnen sich Veränderungen ab. Einzelbestattungen traten bereits am Ende der Jungsteinzeit in Erscheinung. Während der älteren Bronzezeit bestattete man einzelne Persönlichkeiten in den großen Hügeln. In einer jüngeren Phase verbrannte man den Leichnam, zerkleinerte die zerglühten Knochen und setzte diese, zusammen mit spärlichen Beigaben in Tongefäßen, den Urnen, bei. Die Einäscherung ist von einzelnen Archäologen als Ausdruck eines Sonnenkultes gesehen worden: Der Tote, die Seele wurde Teil einer „Urenergie". Das Leichenfeuer soll man dabei als Sinnbild der Sonne verstanden haben.

Die Menschen dieser Zeit verehrten möglicherweise personifizierte Götter. Zumindest legen das zeitgenössische Felsbilder aus Skandinavien nahe, die einen Hammer schwingenden Kriegs- oder Schmiedegott ebenso zeigen wie eine für die bäuerlichen Fruchtbarkeitskulte typische Muttergottheit. Freilich ist das Spekulation

und auch der von verschiedenen Forschern herangezogene Vergleich mit dem auf bronzezeitliche Vorgänger basierenden Götterhimmel der griechischen Antike, mag beträchtlich hinken, selbst wenn man die große Ähnlichkeit der damaligen europäischen Kulturerscheinungen in Betracht zieht. Aus unserem Gebiet fehlen klare Hinweise und so bleibt uns auch ein möglicherweise verehrter Sonnengott unbekannt.

Opfergaben in großer Zahl

Man hatte diesen Göttern geopfert. In keinem anderen Zeitabschnitt ist ihnen, legt man unsere modernen Wertvorstellungen zugrunde, derart viel und derart Qualitätsvolles geweiht worden. Die Anzahl dieser Schätze geht europaweit in die Tausende. Dabei kann die Zusammensetzung der Horte, wie man diese Opferfunde auch nennt, von ein oder zwei bronzenen Schwertern oder Äxten bis zu mehreren Dutzend Bronzebarren, Sicheln und tönernem oder metallenem Geschirr reichen.

Da man meist nicht vorhatte diese Schätze wieder zu heben, sie also tatsächlich jedem menschlichem Gebrauch entziehen wollte, wählte man selten spektakuläre oder hervorgehobene Orte. So fanden sich Horte in flachen Sandebenen ebenso wie tief im Moor und manchmal dicht an großen Findlingen. Nicht ausgeschlossen ist, dass auch im Umfeld großer, markanter Bäume geopfert wurde. Diese sind nach dreitausend Jahren längst nicht mehr vorhanden. Natür-

Bronzene Schmuckdose aus einem Hortfund von Lübbersdorf, Lkr. Mecklenburg-Strelitz

lich gab es wie zu allen Zeiten aber auch Horte, die vorübergehend versteckt und später nicht mehr gehoben worden sind. Die so genannten Gießerhorte zählen dazu, die man ganz offenbar zum Zwecke der Wiederverwertung des Metalls anlegte.

Angstbewältigung und Erlangung von Entscheidungssicherheit mögen die Grundlagen der Opferpraktiken sein. Ein Opfer beruht auf Kommunikation. Der Mensch opfert einem Gott und erwartet von ihm eine entsprechende Gegenleistung. Dabei muss gar nicht unbedingt der Wert des Geopferten entscheidend sein, sondern eher das dabei praktizierte Ritual. Wie man sich diese konkreten religiösen Handlungen zur Weckung übernatürlicher Kräfte vorstellen soll, kann heute kaum erahnt werden. Man denke an Tänze, Rollen- und Maskenspiele, reale Tötung oder symbolische Tötung, an Musik, Rausch und Trancezustände.

Die Bezeichnung Opfer ist irreführend. Für die Menschen früherer Kulturen war das Entäußern materiellen Besitzes nicht zwangsläufig ein schmerzendes Opfer im heutigen Sinne. Wenn ein Mitglied der Oberschicht, nennen wir ihn König oder Häuptling, einen großen Teil seines Besitzes, darunter Machtsymbole und wertvolle Prunkgegenstände dem Moor übergab, dann übereignete er den Göttern nur, was ihnen gebührte und zustand. Gleichzeitig stieg damit sein gesellschaftliches Ansehen. Der Verzicht war demnach nicht selbstlos, sondern setzte eine Gegenleistung voraus. Grundsätzlich wollte man sich sicher der Gunst höherer Mächte vergewissern. Ein sekundärer Aspekt liegt in der Abschöpfung von „Wohlstandsspitzen". Diese mag einseitige Reichtumsanhäufung verhindert und so zur Stabilisierung des sozialen Gefüges beigetragen haben.

Die Motivation zur Niederlegung von Hortfunden kann sehr vielgestaltig sein. Speise- und Trankopfer galten vielleicht der Labung von Göttern; an Dankopfer ist zu denken. Nicht zu vergessen, dass möglicherweise auch Selbstausstattung für das Jenseits eine Rolle spielte. Die Grabbeigaben der jüngeren Bronzezeit und auch der folgenden Eisenzeit sind ärmlich und egalitär, obwohl es beileibe keine besitzlose Zeit war.

Gerade bei Schmuckhorten möchte man den Zweck der Niederlegung darin sehen, nach dem Tod Zugriff darüber zu erlangen.

Der Tipp

Die „Woorker Berge" bei Patzig (Lkr. Rügen)

Eine eindrucksvolle Hügelgräberlandschaft befindet sich bei Patzig auf der an vorgeschichtlichen Denkmalen reichen Insel Rügen. Dreizehn bis zu acht Meter hohe Hügel liegen beiderseits des Weges nach Kartzitz. Man fährt am besten mit dem Rad hinter der Kirche in Patzig nach links einen abfallenden Weg bis nach Woorke und biegt hier in einen steil bergab gehenden Weg rechts ab. Dieser gut befahrbare Betonspurweg führt direkt an den Hügelgräbern vorbei. Die „Woorker Berge" sind zu allen Jahreszeiten eindrucksvoll. Ihr weitgehend ungestörtes Erscheinungsbild verdanken sie nicht zuletzt ihrer Abgeschiedenheit. So ging der Chausseebau des 19. Jahrhunderts mit seinem enormen Steinbedarf an diesen Hügeln spurlos vorbei.

Ein weiterer großer Hügel mit Namen „Lycham" befindet sich ganz in der Nähe. Von Patzig fährt man die Straße nach Lüßnitz bis zum Abzweig nach Ralswiek. Diese Straße führt hinter der kleinen Ansiedlung Gnies am „Lycham" vorbei, der rechts unübersehbar auf dem Feld steht. In seiner Monumentalität wird er, wie auch die „Woorker Berge", aus der älteren Phase der Bronzezeit stammen.

Auf Rügen gibt es zahlreiche andere Hügelgräber zu besichtigen, so bei Buschvitz, Jarnitz, Wobbanz (↗ *Groß Stresow*), am nordöstlichen Stadtrand von Putbus oder auch neben der Kirche von ↗ *Göhren*. In dieser Aufzählung darf selbstverständlich auch der „Dobberworth" bei ↗ *Sagard* nicht fehlen. Da diese Gräber an exponierten und weithin sichtbaren Stellen angelegt worden sind, kann man sie auch auf große Entfernungen schnell entdecken.

Die rote Kuh bei Warlin, zwischen Neubrandenburg und Friedland
Von F.C.W. Jacoby, 1857

Wie es im ganzen Land geschah,
Wenn just der erste Mai es war,
So ließ man auch im Dorf Warlin
Die Kuhherd dann zu Felde ziehn.

Und jedesmal gesellte sich
Von einem Hügel eilendlich
Zur Herde eine rote Kuh
Und sprach der Weide wacker zu.

Mit jedem Abend schwand sie fort
Zum Hügel, ihrem Wohnungsort;
Und jeden Morgen früh erschien
Sie bei der Herde von Warlin.

Das ging den ganzen Sommer durch,
Und wer da kam von Brandenburg
Zu reisen hin nach Friedeland,
Dem ward die rote Kuh bekannt.

Im Herbst, wenn's Futter schon gebrach,
Stellt sich am letzten Weidetag
Die Kuh mit gold'nem Halsband ein,
Das sollt des Hirten Löhnung sein.

Hat er genommen es ihr ab,
Alsbald sie sich zum Hügel gab,
Und für den Winter unsichtbar
Die rote Kuh für Jeden war.

Einstmals zog dieses Weges hin
Ein Wanderer mit frohem Sinn;
Da bei dem Hügel sterbenskrank
Die rote Kuh lag breit und lang.

Dem nahen Hirten rief er zu:
„Geht doch zur kranken, roten Kuh,
Versehet besser Eure Pflicht,
Sonst rettet Ihr vom Tod sie nicht!"

Als schnellen Schritts der Hirt sofort
Sich hinbegab an jenen Ort,
War von der Kuh auch keine Spur,
Und wähnt er sich genarret nur.

Doch nimmer wieder sie erschien,
Um mit der Herd zu Feld zu ziehn,
Und als den Hügel man trug ab,
Entdeckte man ein Hünengrab.

Bronzezeitliches Hügelgrab bei Krassow, Lkr. Güstrow

Behmer Gold

*Der berühmte Kesselwagen aus einem
Hügelgrab bei Peckatel*

Östlich von Peckatel bei Schwerin
befanden sich früher drei mächtige
Hügelgräber die Mitte des 19. Jahrhunderts mehr oder weniger fach-
männisch ausgegraben wurden. Dabei
fand sich in einem Hügel ein aus Steinen errichteter „Opferaltar", in einem
zweiten ein seltener Kesselwagen aus
Bronze. Vom größten Grabhügel dieser Gruppe erzählte man sich, dass
hier die Unterirdischen wohnen würden. Diese hätten oft ihre eigenen
neugeborenen Kinder gegen solche
aus dem Dorf vertauscht. Ein solcher „Wechselbalg" wuchs und ge-
dieh dann zum Ärger der Eltern gar
nicht. Eines der Unterirdischen-Kin-
der sagte zu seiner Pflegemutter, sie
möge ihm einmal etwas zeigen, was es
noch nie gesehen hätte. Daraufhin
zerschlug die Frau ein Ei und richtete
es auf Bauernart an.

Da sprach das Kind:

Ick bün so olt
As Behmer Gold
Aeverst so wat hebb ick
Min levdag nich sen.

Damit hatte das Kind sich selbst
entlarvt und war nun heftiger Züch-
tigung ausgesetzt. Als die Hügelbe-
wohner davon erfuhren, holten sie
es eiligst zurück.

Opferaltar in dem Kegelgrabe aus der Bronzezeit zu Peckatel bei Schwerin, 1845.

Untersuchungsdokumentation aus dem Jahr 1845

Der gläserne Schuh

Johann Wilde, ein Bauer aus Rothenkirchen auf Rügen, fand einmal einen kleinen gläsernen Schuh auf einem Hügelgrab, wo sonst die kleinen Unterirdischen zu tanzen pflegten. Andere sagen, er sei ein verschlagener Mensch gewesen und hätte sich das Vertrauen der Zwerge erschlichen, um die Arglosen zu hintergehen. Als er den Schuh nun besaß, tat er es den Zwergen auch gleich kund, denn er hoffte, einen anständigen Gewinn aus diesem Besitz zu ziehen. Er ging also zu den „Neun Bergen", einer weithin sichtbaren Hügelgräbergruppe, und rief laut: „Johann Wilde in Rothenkirchen hat einen schönen gläsernen Schuh zu verkaufen, wer kauft ihn?" Er wusste nämlich, dass derjenige, der seinen Schuh verliert, so lange barfuß gehen muss, bis er ihn wieder findet. Und tatsächlich klopfte am nächsten Tag ein zierlicher Kaufmann an Wildes Tür und fragte nach eben jenem Schuh. Freilich, antwortete Wilde, hätte er einen feinen Glasschuh aber dieser sei so kostbar, dass er schier unverkäuflich ist. Der Kleine bot nun eintausend Taler, eine Menge Geld. Wilde aber blieb hart und rückte den Schuh erst heraus, als der Unterirdische ihm versprochen hatte, es so einzurichten, dass in jeder vom Bauern gezogenen Ackerfurche ein Dukaten zu finden sei.

Flugs holte nun der Bauer Pferde und Pflug, begann sofort mit dem Umbrechen des Ackers und fand tatsächlich in jeder Furche ein Geldstück. Nun nahm das Pflügen kein Ende, oft bis nach Mitternacht war er damit beschäftigt. Er kaufte sich acht neue Pferde und ließ sie gut versorgen, um alle zwei Stunden ausgeruhte Zugtiere zur Hand zu haben. So pflügte er zu allen Jahreszeiten, ja selbst bei gefrorenem Boden versuchte er es. Bleich und mager wurde er darüber, er sprach am Ende kaum ein Wort. Eines Tages lag er tot auf dem Acker. Seine Söhne haben sich von den ganzen Dukaten riesige Güter gekauft und sind Herren und Edelleute geworden.

Dobberworth

Das größte Hügelgrab Vorpommerns befindet sich unweit von Sagard auf Rügen, hart an der viel befahrenen Bundesstraße nach Saßnitz. Der Sage nach sollen hier die kleinen Unterirdischen ihren Sitz gehabt haben. Einmal lieferte ein Bauer eine Fuhre Getreide in den Hügel. Dieser war weit geöffnet und der Bauer musste weit in den Berg hineinfahren, bis er sein Korn abladen konnte. Zur Belohnung lud man ihm so viel Gold auf den Wagen, wie die Pferde zu ziehen in der Lage waren. Ein wahrhaft günstiger Tausch! Dazu wurde ihm aufgetragen, bei der Heimfahrt ja nicht zurückzuschauen. Und wie es bei solchen Geboten so ist, kaum war der Wagen halb aus der Ausfahrt, wendete sich unser guter Mann neugierig um, der Berg schloss sich mit Getöse und der halbe Wagen mit dem ganzen Gold blieb darin! Später hat ein Gutsbesitzer versucht, den Berg abzufahren. Zwölf Vierspänner sollen daran beteiligt gewesen sein und dennoch ging es nicht vorwärts. Mal zerbrach das Pferdegeschirr, mal machten die Tiere schlapp. Als er dennoch nicht nachließ in seinen Bemühungen, erhob sich eine warnende Stimme aus dem Hügelinnern, erst da gab er auf. Der Dobberworth aber steht heute noch. ↗ *Sagard*

Poltenbusch

Östlich der Straße von Garz nach Zudar auf Rügen liegt ein großes Hügelgrab. Über diesen „Poltenbusch" gibt es manche Spukgeschichte. Große Schätze sollen dort liegen. Eine Frau sah eines Nachts helles Licht im „Poltenbusch" brennen und als sie näher kam, gewahrte sie einen dort sitzenden Mann, der Geld zählte. Kaum bemerkte die mutige Frau das viele Geld, bückte sie sich und füllte ihre Schürze damit. Glücklich kehrte sie damit nach Hause zurück und fuhr rasch mit einem Fuhrwerk erneut zu diesem Hügel. Schnell lud sie und der Fuhrmann so viel auf den Wagen, wie dieser nur fassen konnte. Allerdings bewegte er sich nun nicht mehr von der Stelle, so sehr sie auch die Pferde peitschten, schoben und zogen: der Wagen bewegte sich nicht! Als sie wenig später mit Helfern zurückkehrten, war der Wagen leer und sie hatten das Nachsehen.

Geheimnisvolle Steinkreise

Magische Spuren der Germanen

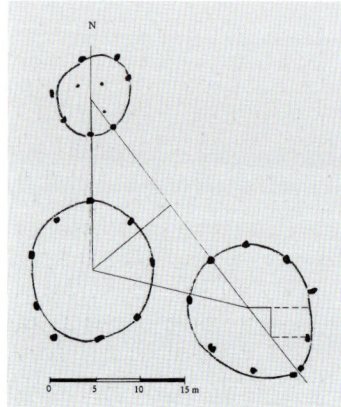

Grundriss der Boitiner Anlage

Wie die Bezeichnung bereits andeutet, wurde in der Eisenzeit das Material Eisen zum viel benutzten Werkstoff. Eisen machte nicht nur die Arbeit rationeller. Viele der damals entwickelten Werkzeug- und auch Waffenformen sollten noch bis zur Neuzeit und selbst in der Gegenwart Verwendung finden. Auch das Handeln und Denken der eisenzeitlichen Menschen sind uns Heutigen näher und verständlicher als alles Vorangegangene. Dieser Zeitabschnitt, der in Mecklenburg-Vorpommern von der Jastorf-Kultur geprägt ist, endete streng genommen mit der Zeitenwende und ist, wegen des zeitgleichen ersten Auftretens der Römer am Rhein, mit dem Prädikat vorrömisch versehen worden. In dieser Zeit konstituierten sich für uns namenlose Volksstämme die man seit der Ersterwähnung im

1. Jahrhundert v. Chr. zu den Germanen rechnet. Die Zeit nach Christi Geburt, brachte – trotz der für die Römer traumatischen Niederlage im Teutoburger Wald – auch im freien Germanien einen starken Einfluss mediterraner Kultur. Nicht zuletzt deshalb nennt der Fachmann diesen durch die Völkerwanderung im 5./6. Jahrhundert n. Chr. beendeten Zeitabschnitt „römische Kaiserzeit".

Neun Steine im Kreis

Nennenswerte, oberirdisch sichtbare Monumente haben die Germanen im mecklenburgisch-vorpommerschen Raum kaum hinterlassen. Ihre Toten bestatteten sie auf riesigen Urnenfriedhöfen und nur gelegentlich in kleinen, von Steinkreisen umrahmten Hügelgräbern. Einige wenige Burgwälle stammen noch aus der unruhigen Übergangsperiode von der Bronze- zur Eisenzeit. Einzig die so genannten Steintänze, bis zu fünfundzwanzig Metern im Durchmesser zählende Kreise aus mannshohen Findlingsblöcken, sind deutliche Zeichen ihrer Anwesenheit. Doch auch sie sind nur in einer relativ kurzen Zeitspanne am Anfang der Eisenzeit, im 6. und 5. Jahrhundert v. Chr., errichtet worden.

Die Anzahl der zum Bau der Steintänze verwandten Findlinge ist fast immer ungerade; die Zahl 9 tritt am häufigsten in Erscheinung. Während die Steintänze im Osten Mecklenburgs weitgehend fehlen, häufen sie sich im pommerschen Küstenbereich und in den heutigen Landkreisen Güstrow und Parchim. Große Anlagen dieser Art errichteten die Germanen in der „Ziese"-Niederung bei Netzeband unweit von Wolgast, in Moornähe zwischen Lenzen und Woserin (Lkr. Parchim, ↗ *Lohmen*) und bei Hohen Barnekow (Lkr. Nordvorpommern). Der bedeutendste Komplex liegt abgelegen in einem Wald bei Boitin (Lkr. Güstrow). Er umfasst drei nahe beieinander liegende, im Dreieck angeordnete Kreise, ein vierter befindet sich einige hundert Meter entfernt. Vor allem die Boitiner Kreise deuteten einzelne Forscher als kultische Beobachtungsstation zur Konstellationsermittlung kosmischer Objekte, ein gleicher Zweck, wie ihn bereits die jungsteinzeitlich-bronzezeitliche Steinkreis-Anlage im südenglischen Stonehenge erfüllt haben soll.

Die Rolle von Sonne und Mond ist in einer agrarischen Gesellschaft immer eine ungeheuer wichtige. Die Natur gibt einen immer währenden Kreislauf von Werden und Vergehen vor. Sonne und Mond gehen auf und versinken wieder. Die Jahre reihen sich in der immer gleichen Abfolge zu- und abnehmender Tage aneinander. Geburt, Reife und Tod stellen auch beim Menschen einen Kreislauf dar, der nach dem Tode des Einzelnen in den darauf folgenden Generationen seine Fortsetzung findet. Wie in allen Ackerbaugesellschaften hat man auch hier markante und für den Bauern wichtige Natur- und Himmelserscheinungen beobachtet. So stellte die frühjährliche Aussaat einen wichtigen

Zeitpunkt dar, der am Himmel seine Entsprechung im Frühlingspunkt der Sonne oder im Auftauchen markanter Sterne und Sternbilder hatte. Das heißt nicht, dass man sich dogmatisch von den möglicherweise vorhandenen Kalendarien der „Sternbeobachter" leiten ließ. Vielmehr wird der empirischen Naturbeoachtung des Bauern die übergeordnete Rolle zugekommen sein. Dennoch haben beispielsweise Sommer- und Wintersonnenwende im Leben dieser Menschen eine Funktion gehabt. Diese Tage beging man mit großen Festen, griechische und römische Autoren der Antike berichteten darüber. Die Steintänze von Boitin könnten in diesem Zusammenhang bedeutsam gewesen sein.

Totenkult und Ahnenglaube

Die vorrangige Aufgabe der Steintänze wird im Bereich des Totenkultes und der Ahnenverehrung gelegen haben. Dem Germanen, der sich selbst als Teil einer heiligen, harmonischen Ordnung sah, erschienen die Toten, die Ahnen, nicht als ihm diametral gegenüberstehend, sondern durchaus als Mitglieder des eigenen Lebensumfeldes. Wie volkskundliche Belege aus viel späterer Zeit andeuten, schien sich im Hausvater selbst die heilige Kraft seiner Vorfahren zu bündeln. Dieser pflegte den Ahnenkult einer immer mehr männlich, einer „mannheilig" geprägten Gesellschaft. Die germanische Sippe galt dabei als Einheit der Lebenden und der Toten, sie war als sakralmagische Gemeinschaft die Grundlage einer dämonisierten Kraft der einzelnen Mitglieder.

Der freie Germane fand in der verbindenden Sippengemeinschaft seine Identität, nicht in einer heutigen Individualität.

Um die besondere Kraft der Sippe weiterzuleiten, brachte man die jungen Männer im Verlaufe von Initiationsriten mit den Ahnen zusammen. Dies kann durchaus innerhalb dieser Steinkreise geschehen sein, wobei den einzelnen Findlingen die Funktion von Seelensitzen zukam. Eine Steigerung der magischen Wirkung erhoffte man sich offenbar durch die Bestattung besonders verdienstvoller Menschen im Zentrum dieser Anlagen. Einen Hinweis auf die ehemalige kultische Bedeutung derartiger Anlagen kann der Steintanz von Kirch Rosin (Lkr. Güstrow) geben. In seinem Zentrum kreuzen sich noch heute zwei Wege. Wegekreuzungen aber spielen im Aberglauben der jüngsten Vergangenheit eine wichtige Rolle: Hier könne man, so hieß es, Geister zum Treffen fordern und auch an der Ver-

folgung hindern. Der Kreis, zumal aus Stein, spielte seit der Jungsteinzeit eine wichtige Rolle im Totenkult. Nicht nur technische sondern auch kultische Überlegungen führten zur Errichtung runder Steineinfassungen an neolithischen Großsteingräbern und bronzezeitlichen Hügelgräbern.

Möglicherweise dienten die Steintänze auch als Versammlungsplatz, als „Thingstätte". Darauf mag nicht zuletzt der Name des Steintanzes von Lenzen (Lkr. Parchim) hindeuten. Dessen Bezeichnung „Gerichtsplatz" kann aber durchaus modernen Ursprungs sein und aus der Zeit der Romantik stammen, als man die Stätten der Vorzeit unter verklärenden Vorzeichen zu deuten suchte. Bis in die Neuzeit haben Steinkreise ihre Bedeutung gehabt, wie volkskundliche Belege aus anderen deutschen Gegenden zeigen. Innerhalb der Steinumrandung schloss man Verträge und Verlöbnisse. Hier, auf geweihter Erde, hob man die Hand zum Schwur, hier wurde Recht gesprochen. Den Bannkreis durfte man nicht mit Waffen

Der kleinste der drei Boitiner Steintänze

Steinkreise bei Boitin, Lkr. Güstrow

betreten. Innerhalb desselben galt Asylrecht für Mensch und Tier.

Natürlich bleiben viele Fragen offen. Besaß ein Steinkreis Bedeutung nur für eine Sippe, eine Dorfgemeinschaft oder auch für einen ganzen Volksstamm? Kämen nicht auch so genannte „Geheimgesellschaften" in Frage, denen nur Ausgewählte angehören durften? Kann man in den drei Boitiner Steintänzen den zentralen Kultplatz einen ganzen Region sehen, vielleicht im Grenzbereich zwischen drei wie auch immer gearteten Menschengruppen? Archäologische Grabungen haben kaum Erkenntnisse gebracht. Abgesehen von wenigen Urnenbestattungen im Inneren der Steinkreise sind kaum Funde an das Tageslicht gekommen. Manche Forscher sehen in diesen Objekten daher primär Bestattungsplätze, die man möglicherweise für bestimmte Persönlichkeiten aufwändiger als üblich gestaltete. Immerhin fanden sich andern-orts eisenzeitliche Grabstätten die von vergleichbaren Steinkreisen von allerdings viel kleineren Durchmessern umgeben waren. Andere Wissenschaftler nehmen jedoch an, dass die Urnenbestattungen erst sekundär in die bereits vorhandenen Steinkreise kamen. Damit wäre einigen Auserwählten die Exklusivität zuteil geworden, in geheiligtem Boden bestattet zu werden.

Der Tipp

Eisenzeitliche Steinkreise bei Boitin (Lkr. Güstrow)

Drei germanische Steinkreise, die auch „Steintänze" genannt werden, befinden sich im Tarnower Forst bei Boitin. Die aus jeweils neun aufrecht gestellten Findlingen gebildeten Kreise sind monumentale Zeugnisse der frühen Germanen. Der Durchmesser der Kreise bewegt sich um 12 und 13 m. Bereits 1765 findet sich eine erste Erwähnung in den „Bützowschen Ruhestunden". Die ansässige Bevölkerung sah damals in ihnen einen Opfer- und Gerichtsplatz, der mit Sagen um eine frevelhafte Hochzeitsgesellschaft und ein untergegangenes Dorf verknüpft war. Einer der Findlingsblöcke trägt dreizehn Bohrlöcher, die offenbar Steinschläger am Anfang des 19. Jahrhunderts als Sprengungsvorbereitung eingeschlagen hatten. Die Sage machte wenig später eine „Brautlade" daraus. Alle Jahre würde demnach aus einem der Löcher ein roter Textilstreifen hängen. Zieht man an diesem, könne die Lade geöffnet werden.

Diese Mitteilung ist ein schönes Beispiel für die Schnelligkeit, mit der damals solche Erzählungen entstanden und nur wenige Jahrzehnte später als „von altersher" weitergegeben worden sind.

Die in den dreißiger Jahren des 20. Jahrhunderts vom Landesarchäologen Prof. R. Beltz angelegten Suchgräben, die noch heute erkennbar sind, legten neben zwei mit Steinen umlegten Brandstellen auch eine Urne aus der älteren vorrömischen Eisenzeit frei.

Von der Ortsmitte Zernin nimmt man rechts eine alte Straße bis in den Wald und folgt nach 3 km links einer Waldschneise, um nach 1400 m Fußweg direkt zum Ziel zu gelangen. Man kann auf kürzerer Strecke auch von der Ortschaft Boitin aus zu den Steintänzen kommen.

Ein vierter, allerdings wesentlich kleinerer Steinkreis befindet sich ca. 400 m südlich der Dreiergruppe und ist schwer auffindbar. Ehemals soll noch ein fünfter Kreis, bestehend aus zehn Steinen, vorhanden gewesen sein.

In der weiteren Umgebung ist neben einem Besuch des rekonstruierten slawischen Tempelortes bei ↗ *Groß Raden* auch der des archäologischen Lehrpfades bei ↗ *Lohmen* zu empfehlen. Letzterer berührt auch einen weiteren Steinkreis, den „Gerichtsplatz" bei Lenzen.

 ## *Die versteinerten Hirtenknaben*

Unweit der Straße von Spornitz nach Parchim, linker Hand, dicht an der städtischen Feldgrenze in Form eines Erdwalles aus dem Mittelalter, befinden sich die Überreste eines germanischen Steinkreises. Das ausgeschilderte Bodendenkmal ist allerdings schlecht erhalten und wenig sehenswert. Eine alte Überlieferung berichtet: An dieser Stelle hüteten einst sieben wilde Knaben Vieh. Um sich die Langeweile zu vertreiben, benutzten sie die Reste des reichlich mitbekommenen Vespers, bestehend aus Brot und Wurst: Sie formten Kugeln daraus und begannen damit Ball zu spielen und einander zuzuwerfen. Nach geraumer Zeit trat plötzlich ein großer Mann, gekleidet in ein weißes Gewand, zu ihnen. Er ermahnte die Jungen, vom Spiel zu lassen und die lieben Gottesgaben nicht weiter zu missbrauchen. Zugleich erinnerte er an die Strafe, die sie unweigerlich treffen würde, wenn seine Worte nicht befolgt würden. Jedoch wandte sich nur ein einziger Knabe fort. Alle anderen setzten ihr Spiel scherzend fort. Wieder erschien der Mann, diesmal in einem schwarzen Umhang und begleitet von donnerndem Gewitter. Noch bevor er sich den sechs Frevlern zuwandte, wies er den siebenten Knaben an, unverzüglich nach Hause zu gehen und sich beileibe nicht umzusehen. Gleich darauf verwandelte der unheimliche Mann die verbliebenen Hirtenknaben in Steine. Allerdings traf auch den einsichtigen Jungen dieses Schicksal. Von Neugierde getrieben, beugte er sich nieder und blickte, um das Verbot des Zurückblickens zu umgehen, durch die Beine hindurch zurück. Dennoch erstarrte auch er, nur zwanzig Meter von den anderen entfernt, zu Stein.

Lange Zeit galt der Kreis der versteinerten Hirtenjungen als ein unheimlicher und zu meidender Ort. Dennoch fand sich eines Tages ein Spornitzer Bauer, der einen der Steine auf sein Fuhrwerk lud und ihn in das Fundament seiner neuen Scheune einmauerte: nicht zuletzt um dem Dorf und der Welt zu beweisen, dass nichts dran wäre an Aberglauben und alten Geschichten. Bald darauf aber hat der Bauer den Findling wieder aus der Mauer gebrochen und ihn bei Nacht und Nebel an seinen alten Ort zurückgebracht. Bis an sein Lebensende hat er denn auch darüber geschwiegen, aus welchem Grund er den schweren Stein wieder herausgebrochen hatte. Die Spornitzer aber sagten, es sei des Nachts immer Blut aus dem Stein geflossen und der Bauer hätte keine Ruhe gefunden, solange der Stein auf seinem Gehöft verblieb.

Heidnische Bildsteine

Der Tempelkult in slawischer Zeit

Umzeichnung des Svantevitsteins

Betritt man den südlichen Chornebenraum der Dorfkirche von Altenkirchen auf Rügen, so fällt rechts eine eingemauerte längliche Granitplatte auf. Das auf der Seite liegende Hochrelief eines Füllhorn haltenden schnauzbärtigen Mannes in merkwürdiger Tracht ist das qualitätsvollste und besterhaltenste Stück der ganz wenigen Steinarbeiten aus slawischer Zeit. Die dänischen Eroberer, die 1168 die Tempelburg Arkona zerstörten und die Christianisierung der Insel durchsetzten, errichteten in Altenkirchen eines der ersten Gotteshäuser Rügens. Zum Zeichen ihres Sieges, der vor allem auch als Überwindung des slawischen „Götzendienstes" begriffen wurde, setzte man deutlich sichtbar den umgestoßenen Priesterstein, und um die Darstellung eines heidnischen Priesters handelt es sich offensichtlich, in die damalige Choraußenwand ein. Erst später hat man den Nebenraum angebaut und damit den Bildstein in das Innere befördert.

Der Stein, auch „Svantevitstein" genannt, gibt Rätsel auf. Zu welchem Zweck ist er einst geschaffen worden und wo stand er? Er muss bereits damals etwas Besonderes gewesen sein, da die Slawen dieser Zeit auch bei skulpturalen Arbeiten stets auf das Material Holz zurückzugreifen pflegten. Die beiden Parallelstücke, der „Mönch", ein kleines, verwaschenes Priester-Relief an der Kirche in Bergen und eine eingeritzte „Jarovit"-Figur auf einem Stein an der Wolgaster Stadtkirche, vermögen genauso wenig Licht in das Dunkel zu bringen. Auch diese beiden hat man als Siegeszeichen einmauern lassen. Alle entstanden anscheinend im 12. Jahrhundert und können möglicherweise als Grabsteine gedient haben. Sie künden von einem Zeitabschnitt, der geprägt war von latenten Abwehrkämpfen der hier ansässigen slawischen Stämme gegen ihre deutschen, dänischen und polnischen Nachbarn. Diese wechselhaften Auseinandersetzungen mit den christlichen Aggressoren hatten zeitweilig nicht nur das traditionelle Heidentum konsolidiert, sondern sogar zu einer späten, Identität stiftenden Blüte geführt.

Sie kamen aus dem Osten

Wohl schon vor 700 n. Chr. begannen slawische Volksstämme in die von den Germanen weitgehend verlassenen Landstriche einzuwandern.

Menschen mit einer anderen Sprache, einer anderen Kultur, besetzten, nach einer langen Wanderung aus Südost- und Osteuropa kommend, das Land. Ahnen- und Götterverehrung betrieben die Slawen an besonderen Orten. Es gab hölzerne Tempelgebäude und umfriedete heilige Haine. Auch auffällige Bäume konnten bei ihnen für heilig gehalten werden. Jeder slawische Volksstamm besaß eigene Götter und Göttinnen. So verehrte man im holsteinischen Wagrien Prove und Podaga, bei den Polaben westlich von Schwerin Siva und in Pommern schließlich Gerovit und Triglav. Letzterer Name, übersetzt „Dreikopf", deutet bereits eine Eigenart dieser Götter an, ihre Mehrköpfigkeit. So nannte der Hauptgott der rügenschen Ranen, Svantevit, vier Köpfe sein eigen. In ↗ *Garz* auf Rügen stand in einem Tempel ein siebengesichtiger Rugievit. Sein Standbild trug nicht nur acht Schwerter, sondern war sogar so hoch, dass Bischof Absalon aus Roeskilde noch nicht einmal mit der Axt dessen Kinn erreichen konnte.

Der rekonstruierte Tempel mit Teilnehmern der Museumswoche in Groß Raden

Am gleichen Ort, in jeweils eigenen Tempelgebäuden, befanden sich die vergleichsweise bescheiden wirkenden Gottheiten Porevit und Porenutius mit jeweils fünf Köpfen.

Von der Insel Rügen sind uns weitere Gottheiten überliefert. Das Standbild des Kriegsgottes Tiarnaglofi erregte bei den dänischen Eroberern aufgrund seines silbernen Schnurrbartes Aufsehen. An der jasmundischen Küste stand das Heiligtum des Pizamar. Wie alle anderen rügenschen Götterbilder und Tempel wurde es im Sommer 1168 von den dänischen Eroberern verbrannt. Auch ein heiliger Hain namens Boku an der Südküste von Rügen, wahrscheinlich bei Altefähr, fiel dem christlichen Missionseifer zum Opfer.

Rätsel um Rethra

Zurück zum Festland. Im östlichen Mecklenburg hatte sich seit dem 10. Jahrhundert ein Stammesverband herausgebildet, der treffender als militante Kultgemeinschaft zu bezeichnen ist: der Lutizenbund. Dieser von einer kleinen Priesterelite angeführte Bund freier Bauernkrieger trat vor allem beim großen Aufstand des Jahres 983 in Erscheinung. Völlig überraschend für die deutschen Besatzungen überrannten am 29. Juni des Jahres lutizische Krieger nicht nur Havelberg, sondern Tage später auch das stark befestigte Brandenburg. Voller Wut über die gelungene Flucht des Bischofs Folkmar zerrten sie gar die Leiche seines drei Jahre zuvor ermor-

Die Wallburg von Groß Görnow oberhalb der Steilhänge des Warnowtales

deten Amtsvorgängers aus der Gruft und töteten alle Christen, derer sie habhaft werden konnten.

Der Hauptort der Lutizen war Rethra. Hier wurde durch ein Gremium von Priestern nicht nur über Krieg und Frieden entschieden; hier wurde Recht gesprochen, orakelt und geopfert. Lassen wir den Zeitgenossen Helmold von Bosau zu Wort kommen: „Ihre allbekannte Burg Rethre ist ein Sitz der Abgötterei. Dort ist den Götzen, deren vornehmster Radegast ist, ein großer Tempel erbaut. Sein Bild ist mit Gold, sein Lager mit Purpur geschmückt." Eine andere Überlieferung berichtet von weiteren Götterfiguren, prächtig geschnitzt und „Furcht erregend" mit Panzern und Helmen versehen.

Kein Wunder also, dass Rethra nach seiner Zerstörung oder Aufgabe zur Legende wurde. Niemand kann heute genau sagen, wo dieser heilige Ort lag. Ausgrabungen auf mehreren Plätzen am Südende des Tollense-Sees zwischen Neubrandenburg und Neustrelitz führten zur Aufdeckung eines in slawischer Zeit bedeutenden Wirtschafts- und Herrschaftszentrums

und selbst der Grundriss eines mutmaßlichen kleinen Tempelgebäudes kam zum Vorschein. Auch der regional bislang einzige archäologische Nachweis einer mehrköpfigen Götterstele stammt aus diesem Bereich. Mehrfach hat man daher versucht, Rethra hier zu lokalisieren, allerdings ohne dafür schlüssige Beweise erbringen zu können. Schließlich blühte dieses archäologisch erforschte Machtzentrum zu einer Zeit, als Rethra längst an Bedeutung verloren hatte, nämlich im 12. und sogar noch im 13. Jahrhundert, als sich die ostmecklenburgische Region längst in pommerscher und dann in deutscher Hand befand. Das Rätsel um Rethra ist nach über 300 Jahren Forschung noch lange nicht gelöst.

↗ *Wustrow,* ↗ *Tipp „Ridderberg" und „Pierdbarg" bei Prillwitz, S. 42*

Tempelkult und Götterdienst

Freilich sind bei verschiedenen archäologischen Untersuchungen die Reste von Tempelgebäuden zutage getreten, so in ↗ *Ralswiek* auf Rügen oder in der sogar namentlich überlieferten Zollstation „Szarcyn" bei Parchim. Die besten Erhaltungsbedingungen für die hölzernen Überbleibsel herrschten jedoch bei Ausgrabungen in ↗ *Groß Raden* bei Sternberg. Die dort in den siebziger Jahren erzielten Ergebnisse führten zum großzügigen Nachbau am originalen Ort. Das entstandene Freilichtmuseum vermittelt einen guten Eindruck vom Aussehen eines Tempelortes. Eine kleine Wallburg, in

*Rinderschädel aus dem Tempelfundament
von Groß Raden*

dessen Zentrum eine Götterstele
steht, ist durch eine Holzbrücke mit
einer Siedlung verbunden, in der
Priester und Handwerker lebten.
Hier befindet sich auch das Tempelgebäude, welches womöglich einer frü-
heren Besiedlungsphase als die Burg
angehört. Die Fachleute sind sich un-
eins, ob die im Rechteck aufgebauten
Wände aus mit schemenhaften Köpfen versehenen Holzplanken jemals
ein Dach trugen, oder ob wir nicht
vielmehr einen abgezäunten heiligen
Bezirk, einen Hain, vor uns haben.
Über den beiden Eingängen an den
Schmalseiten hingen offensichtlich
ein Pferde- und ein Rinderschädel.
Im Inneren des Tempelgrundrisses fanden sich Reste eines wohl von den slawischen Priestern genutzten Pokales.

Der Geruch des Blutes

Die Befestigung dieser Siedlung bot
ausreichend Raum für einen großen
freien Platz. Hier versammelte sich
möglicherweise ein- oder mehrmals
im Jahr der gesamte Stamm der War-
nower zur gemeinsamen Kultfeier.
Das wichtigste Fest dieser Art fand
zweifellos nach der Ernte statt, wie
zeitgenössische Berichte über Rethra
und Arkona nahelegen. Unabdingba-
rer Bestandteil eines solchen Festes
waren Opfer. Vornehmlich verwende-
te man dabei junge Tiere: Rinder,
Schweine, Ziegen und Schafe. Da sich
die Götter den Anschauungen der Slawen nach vom Geruch des Blutes an-
gezogen fühlten, verspeiste man die
geopferten Tiere in einem anschließenden Festgelage gleich selbst. Hier-
bei galt Nüchternheit als Frevel, Mä-
ßigung als Sünde.
Ein dunkles Kapitel derartiger Kult-
praktiken ist das Opfern von Men-
schenleben. Mehrfach gibt es hierzu
schriftliche Hinweise, so übertrieben
sie aus christlicher Sicht auch geschil-
dert worden sein mögen. Ein drasti-
sches Beispiel ist das Martyrium des
Bischofs Johann von Mecklenburg.
Nach seiner Gefangennahme im Sommer 1066 wurde er durch die größeren
Ansiedlungen geführt und schließlich
am 10. November desselben Jahres in
Rethra hingerichtet: Nachdem ihm
lebend Hände und Füße abgehauen
worden waren, warf man seinen
Körper auf die Straße. „Das Haupt
aber ward abgeschnitten", wie Helmold von Bosau berichtet, „ und von
den Barbaren wie ein Siegeszeichen
auf einen Spieß gepflanzt und ihrem
Gotte Radegast geopfert".
Tatsächlich gibt es archäologische
Belege für diese Berichte. So wurden
innerhalb der Tempelburg Arkona
und auch im Umfeld des Kultgebäu-
des von ↗ *Ralswiek* auffällig viele zer-

schlagene Menschenknochen gefunden. Vier ineinander gestellte Schädelkalotten entdeckte man in einer slawischen Siedlung bei Waren und auch innerhalb eines Hausgrundrisses auf einer Müritzinsel bei Vipperow ergrub man zwei Schädelteile, von denen einer sogar als Trinkschale gedient haben könnte. Verschiedene Forscher haben darin sogar Anzeichen für kultischen Kannibalismus gesehen ohne letztlich schlüssige Beweise dafür erbringen zu können.

Praktiken dieser Art kamen mit der Eroberung der slawischen Gebiete Mecklenburgs durch deutsche und dänische Herrscher nach 1160 bzw. 1168 zum Erliegen.

Die Liquidierung der slawischen Heiligtümer und die erzwungenen Massentaufen der ansässigen Bevölkerung schufen die Grundlagen einer dauerhaften Christianisierung. Helmold von Bosau hat uns einen Bericht über die Zerstörung eines heiligen Haines nahe des holsteinischen Oldenburg im Jahr 1156 hinterlassen: „Da sahen wir (...) heilige Eichen, welche dem Prove, dem Gotte jenes Landes, geweiht waren. Diese umgab ein freier Hofraum und ein sehr sorgfältig aus Holz gebauter Zaun, in welchem sich zwei Pforten befanden. (...) Als wir an diesen Ort der Unheiligkeit kamen, ermahnte uns der Bischof, dass wir tüchtig darangehen möchten, den Hain zu zerstören. Er selbst sprang vom Pferde und zerschlug mit seinem Stabe die ausgezeichnet verzierten Vorderseiten der Tore. Darauf traten wir in den Hof und häuften alle Zäune desselben um jene heiligen Bäume herum auf, und machten einen Scheiterhaufen, den wir anzündeten, jedoch nicht ohne Besorgnis, von den Eingeborenen überfallen zu werden."

Die Ravensburg bei Neubrandenburg ist eine altslawische Befestigung

Der Tipp

Schiffsgräber bei Menzlin (Lkr. Ostvorpommern)

In den sechziger Jahren durchgeführte Ausgrabungen unter dem Warener Archäologen Dr. U. Schoknecht führten nicht nur zur Aufdeckung einer skandinavisch geprägten Handelsniederlassung des 9. und 10. Jahrhunderts inmitten des slawischen Siedlungsgebietes, sondern auch zur Entdeckung des dazugehörigen Gräberfeldes. Auf der schätzungsweise mehrere hundert Bestattungen umfassenden Nekropole konnten 33 Grabstellen untersucht werden. Bei diesen Brandgräbern verwandte man grundsätzlich Tongefäße aus slawischer Produktion. Anhand der Beigaben zeigte sich aber, dass zumindest ein Teil der hier Bestatteten skandinavischer Herkunft gewesen sein muss. Als archäologische Sensation gilt dabei der Fund so genannter Schiffsgräber. Diese aus Steinen gefügten Grabeinfassungen in Schiffsform sind bis zum heutigen Tag die einzigen Nachweise außerhalb Skandinaviens. Auf der nahezu 10 ha großen Siedlungsfläche erfolgten nur kleine Einschnitte, die aber den Nachweis weitreichender Handelsverbindungen und handwerklicher Produktion der damaligen Bewohner erbrachte. Eine Nachuntersuchung stellte eine regelrechte Straße fest, die von dieser frühstädtischen Siedlung zur Peene und damit wohl zum Hafen führte. Vergleichbare Handels- und Handwerkerstationen hat man auch an anderen Orten der südlichen Ostseeküste entdeckt, so bei Groß Strömkendorf unweit von Wismar und in ↗ *Ralswiek* auf Rügen. Während man in Groß Strömkendorf ganze Boote dem Boden anvertraute und den separat verbrannten Leichnam in einer Urne niederlegte, gibt es in Ralswiek Hinweise auf die Einäscherung von Booten.

Skandinavische Schiffssteinsetzung bei Menzlin

35

Hier fanden sich Schiffsnieten in Brandgräbern. Die Schiffsgräber von Menzlin liegen südlich des Ortes. Man folgt im Dorf den aufgestellten Hinweisschildern „Altes Lager". Unmittelbar am Peenetal befindet sich eine sandige Erhebung, die in neuerer Zeit als Kiesgrube Verwendung fand. Direkt am Grubenabbruch und mit Blick auf die Peene sind mehrere dieser Steinsetzungen zu besichtigen. Der Platz ist mit Informationstafeln ausgestattet. Auf der Rückfahrt Richtung Jarmen kann man kurz vor Groß Polzin im Garten eines Gehöftes am Abzweig nach Klein Polzin ein frei stehendes Großsteingrab von der Straße aus sehen.

 Thietmar von Merseburg berichtete Anfang des 11. Jahrhunderts über den Tempelort Rethra:

„In der Burg befindet sich nur ein kunstfertig errichtetes, hölzernes Heiligtum, das auf einem Fundament aus Hörnern verschiedenartiger Tiere steht. Außen schmücken seine Wände, soviel man sehen kann, verschiedene, prächtig geschnitzte Bilder von Göttern und Göttinnen. Innen aber stehen von Menschenhänden gemachte Götter, jeder mit eingeschnitztem Namen; Furcht

Am rekonstruierten Tempel von Groß Raden

erregend sind sie mit Helmen und Panzern bekleidet. Der höchste heißt Svarozic und alle Heiden achten und verehren ihn besonders. Auch dürfen ihre Feldzeichen nur im Falle eines Krieges, und zwar durch Krieger zu Fuß, von dort weggenommen werden. Für die sorgfältige Wartung dieses Heiligtums haben die Eingeborenen besondere Priester eingesetzt. Wenn man sich dort zum Opfer für die Götzen oder zur Sühnung ihres Zorns versammelt, dürfen sie sitzen, während alle anderen stehen. Geheimnisvoll murmeln sie zusammen, während sie zitternd die Erde aufgraben, um dort durch Loswurf Gewissheit über fragliche Dinge zu erlangen. Dann bedecken sie die Lose mit grünem Rasen, stecken zwei Lanzenspitzen kreuzweise in die Erde und führen in demütiger Ergebenheit ein Ross darüber, das als das größte unter ihnen für heilig gehalten wird. Haben sie zunächst durch Loswurf Antwort erhalten, weissagen sie durch das gleiche Tier nochmals. Ergibt sich beide Male das gleiche Vorzeichen, setzt man es in die Tat um. Andernfalls lässt das Volk niedergeschlagen davon ab".

Unheimliches vom Garzer Wallberg

Auf dem mächtigen Burgberg am Stadtrand von Garz auf Rügen soll einst ein herrliches Heidenschloss gestanden haben. Tief unter der Erde soll noch heute ein großer Saal aus Marmor und Kristall existieren. Hier wacht der alte habgierige König über seine Schätze und kommt nur manchmal um Mitternacht als ein graues Männchen, angetan mit einer schwarzen Pudelmütze und einem weißen Stock, auf die Erde zurück. Manche haben ihn schon auf dem Weg nach Poseritz gesehen, andere auch auf dem Kirchhof. Auch soll im Wall eine wunderschöne Prinzessin eingeschlossen sein und mit ihr viele kostbare Dinge, so auch ein Goldbecher. Jedes Jahr am Ostermorgen sitzt sie auf dem Wall und wartet auf einen keuschen Junggesellen, der zu ihrer Erlösung die richtigen Worte sprechen muss. Bisher ist es noch niemandem gelungen, die Prinzessin mit ihrem Becher auszulösen.

Als vor vielen Jahren mehrere Musikanten sich den Weg zu einem Erntefest in Rosengarten abkürzen wollten und über den Garzer Schlossberg gingen, fanden sie hier plötzlich zahlreiche Buden und Lauben vor, an denen gegessen und getrunken wurde. Da man sie höflich bat, spielten sie flugs auf, aßen und tranken. Endlich erinnerten sie sich ihres eigentlichen Zieles und gingen am Ende nach Rosengarten weiter. Wie erstaunt waren sie aber, als sie von den Gästen des Erntefestes hörten, dass sie volle zehn Jahre verschwunden waren und niemand mehr ernsthaft an ihr Wiederkommen geglaubt hatte. Die Musikanten ließen sich ihre Verblüffung aber nicht groß anmerken und spielten rasch zum Tanze auf.
↗ *Garz*

Die Hohe Burg

Unweit von Bützow liegt bei Schlemmin in den hoch gelegenen Waldungen am „Schwarzen See" eine beeindruckende Wallburg. Die „Hohe Burg" befindet sich auf einem von der Natur gut geschützten Bergrücken und ist ringsumher von Erdwällen umgeben, die sich an beiden Zugangsseiten zu recht hohen Sperrwällen auftürmen. Die Datierung der Anlage ist nicht sicher, doch gibt es Anzeichen dafür, dass es sich um eine Burg aus der Anfangsphase der slawischen Besiedlung Mecklenburgs handeln könnte.

Hier soll dem Volksglauben nach ein Schloss gestanden haben, von welchem aus ganz Mecklenburg beherrscht wurde. Irgendwann versank es in den Tiefen des Berges. Einst hatte sich hier ein wandernder Schmiedegeselle zur Ruhe gelegt. Bald wurde er jedoch aus dem süßen Schlummer geweckt: ein altes Männchen mit grauem Bart stand vor dem Überraschten und forderte ihn zum Folgen auf. Nach kurzer Zeit kamen sie an eine Tür, welche in das Berginnere führte. Nun betraten sie einen großen Stall, in welchem viele hundert Pferde standen und die der Geselle alle beschlagen sollte. Richtig fand er auch im Nebenraum eine gut ausgestattete Schmiede und genug Brennstoff. Das Männchen betätigte den Blasebalg und der Geselle begann mit der Arbeit.

Ein volles Jahr verbrachte der junge Mann im Berg und zum Lohn bekam er so viel Gold, wie er in seinen Wanderranzen stecken konnte. Beim Abschied sagte ihm das Männchen, dass durch diese Pferde Mecklenburg einst wieder ein mächtiges Königreich werden würde, so wie vorzeiten.

Der Schmiedegeselle aber ging seines Weges und wurde ein wohlhabender Mann.

...und er weiß warum

Bodendenkmale in der Volks-
überlieferung

Megalithgräber und Grabhügel, selbst Burgwälle und mittelalterliche Turmhügel besaßen über Jahrhunderte hinweg einen Schutz, der eine ähnliche Wirkung zeigte wie eine Denkmalverordnung unserer Tage. Geschichten von Spuk, Gespenstern, Kobolden, Zwergen und Dämonen, Tod und Teufel hielten das Landvolk davon ab, sich an den Stätten ihrer Ahnen zu schaffen zu machen. Eine althergebrachte Scheu, eine Mischung aus heiliger Achtung und ängstlichem Grauen, hat bis zum Ende des 18. Jahrhunderts seine Wirkung nicht verfehlt.

Freilich gab es immer wieder Grenzüberschreitungen. Bereits am Ende der Steinzeit brachen Menschen gewaltsam in die sorgfältig verschlossenen Megalithgräber ein um ihre eigenen Toten nahe bei den legendären Ahnen bestatten zu können. Germanen und Slawen machten es vereinzelt nicht anders und benutzten mitunter viel ältere Hügelgräber zur Nachbestattung. Auch das Mittelalter hat in dieser Hinsicht Spuren hinterlassen. Sei es durch missionarischen Eifer im Kampf gegen heidnisches Brauchtum oder auch nur durch einen rein profanen Gebrauch in Unkenntnis des Gefundenen. Seit sehr früher Zeit hat es aber auch Grabräuber gegeben. Die vor allem im 18. Jahrhundert verbreitete Schatzgräberei konzentrierte sich auf mündlich überlieferte oder auch oberfläch-

lich sichtbare Stätten vergangener menschlicher Anwesenheit. Das Graben in Hünengräbern und alten Burgen galt allerdings als sündig, risikovoll und ungesetzlich. Erst die Zeit der Industrialisierung hat zu einer Wertverschiebung geführt. Nun betrachtete man die Großsteingräber und Grabhügel vorrangig als Steinlager und beutete diese zu Gunsten des Chausseebaues und der Errichtung von Gutsanlagen weidlich aus.

Riesen und Zwerge

„Zwergenstube", eine künstlerische Installation in einem Megalithgrab in Anspielung auf die sagenhaften Bewohner. Deutsch-japanisches Künstlertreffen Klein Görnow 1996

Megalithgräber und Grabhügel waren immer Gegenstand der Sage. Geheimnisvoll standen sie da, schier unglaublich erschien die Bewältigung der aufgetürmten Stein- und Erdmassen. So schrieb man die Errichtung dieser Anlagen hünenhaften Riesen zu. Nur diese wären in der Lage gewesen, derartiges zuwege zu bringen. Ein Riese Balderich soll die neun Grabhügel bei Rambin auf Rügen gewissermaßen im

Vorbeigehen geschaffen haben als er, im Begriff die Insel Rügen mit dem Festland zu verbinden, gewaltige Erdmassen herbeitrug und ein Loch in seiner Schürze das Erdmaterial portionsweise verteilte. Auch der „Teufelsbackofen" und das daneben liegende Hünenbett im Everstorfer Forst sollen auf die Tätigkeit der Riesen zurückgehen. Während die Bezeichnung „Backofen" für sich spricht, vermutete man im Hünenbett das Bett oder Grab des Ofenbetreibers. Bewohner der vorzeitlichen Grabanlagen aber wären die Zwerge oder auch „Mönken", wie man sie nannte, gewesen. Diese „Unnerirdischen" dachte man sich damals teilweise nur Daumen groß. Sie würden über Zauberkraft verfügen und kunstfertig im Handwerk sein, so sprach man. Unermessliche Schätze sollten bei ihnen zu finden sein, doch oft genug hätte deren Besitz nur Unglück gebracht. Von den drei Hügelgräbern bei ↗ *Mollenstorf* beispielsweise berichtete im Jahr 1866 ein Pastor, dass sich darin neben Räubergut auch kostbare Skulpturen, namentlich Maria mit dem Jesusknaben, befänden. Wer sie zu bergen versuche, stürbe eines unnatürlichen Todes. Gleiches erzählte man sich über andere prähistorische Anlagen. Riesige schwarze Männer stünden parat um flugs einen Galgen für jeden Schatzgräber zu errichten, Teufel und Zwerge schlügen die ungebetenen Gäste krumm und lahm, verfüllten das mühsam gegrabene Loch in Windeseile wieder oder ließen eine schwere Krankheit über die Grabräuber kommen. Nicht umsonst

endet die Sage von einer missglückten Schatzsuche am „Glücksberg" bei Vellahn mit dem Schlusssatz: „...noch heutigen Tages rumort's drinnen, und wer in der Mitternachtsstunde an ihm vorüber muss, der schreitet noch einmal so lang und schnell aus, sieht sich auch nicht um, weder rechts noch links; und der Knecht, der in seiner Nähe ackert, zieht vor Sonnenuntergang heimwärts, und er weiß warum."

Häufig verwendet die Sage das Motiv der Verköstigung am Hügelgrab. Von der Feldarbeit ermüdet, finden Bauern und Knechte hier bereitgestelltes Essen vor. Freilich müssen sie die Rituale beachten, sich artig bedanken und ein kleines Entgelt in die leere Schüssel tun. Siechtum und Tod aber drohten dem, der, wie ein Knecht am „Speisekammer"-Hügel im Kühlungsborner Wald, nicht nur den Dank schuldig blieb, sondern vor Übermut dreist das Essgeschirr verunreinigte.

Der wendische Teufel

Oft benannte die Volkssage aber auch dämonische Mischwesen, die vor allem in Hügelgräbern residieren sollten. Unheimliche Gestalten, teils Räuber, teils Zauberer, teils Geist. Als ein solcher Unhold galt der hünenhafte Räuber Röpke in den „Stahlbergen" bei Crivitz, der bereits durch sein Gebrüll alle Feinde in die Flucht schlug. Auf seinem Tisch im Inneren eines Hügels sollen sieben Totenköpfe gestanden haben. Erst durch List konnte er von beherzten Bürgern

überwunden werden. Vom „Pierdbarg" (Pferdeberg) zwischen Prillwitz
und Usadel erzählt die Sage von
einem Pferdedieb, genannt „Schrukfoot", dem „wendischen Teufel". Die
Beschreibung seines elfenbeinernen
Rockes und seiner steif vom Körper
weggestreckten Arme mag auf die
Erinnerung an ein altes heidnisches
Götzenbild zurückgehen.

Nicht weit vom „Pierdbarg" befand
sich bei Krickow ein Hügelgrab, welches nächtlich von zwei nackten Frau-
en umtanzt worden sein soll. Ihre
Namen Kiwenitz und Käwenitz sind
slawischen Ursprungs; die Sage mag
auch hier einen realen Hintergrund,
vielleicht im Bereich eines Fruchtbar-
keitskultes haben.

Die Überlieferung ließ es jedoch nicht
nur an alten Gräbern spuken. Auf
Burgwällen wandelten weiße Frauen
oder klagten Wasserjungfrauen, wie
am Burgberg bei ↗ *Werle* an der Warnow. Am Aufgang zur Burg Stargard,
einem Hohlweg, lauerte ein unsicht-

barer „Huckauf", der dem Wanderer
flink aufsprang und durch sein
Gewicht den Aufstieg zur Pein machte. Andere Sagen berichteten von
Wegeunfällen ganz in der Nähe von
Grabhügeln. So sollen den Fuhrleuten
auf der alten Penzliner Landstraße zu
einer bestimmten Stunde regelmäßig
die Räder und Achsen gebrochen sein.
Und das dort, wo die alte Landstraße
zwischen den drei großen Grabhügeln
von ↗ *Mollenstorf* hindurchführt. Der
Verfasser selbst weiß zu berichten,
dass ihm bei der Recherche zu diesem
Buch bei der Durchfahrt zwischen
mehreren Großsteingräbern an der
Recknitzbrücke bei ↗ *Liepen* ganz
Ähnliches wiederfuhr. Ein vielleicht
pflaumengroßer Stein am Rande
einer Bodenwelle reichte aus, um die
Ölwanne des Autos zu durchschlagen.
Der Verlust des Motoröls machte den
Schaden zu einem Fall für den ADAC-
Abschleppdienst und die nächste
Autowerkstatt. Vielleicht ist ja doch
was dran, an den alten Geschichten...

Ein über dem Salzhaff bei Rerik gelegener Großdolmen im Gegenlicht

Der Tipp

„Ridderberg" und „Pierdbarg" bei Prillwitz (Lkr. Mecklenburg-Strelitz)

Das auf einer Halbinsel gelegene Dorf sorgte bereits 1768 für Furore, als die Neubrandenburger Goldschmiedefamilie Sponholz eine Anzahl angeblich hier entdeckter Götzenbilder in Umlauf brachte und mit diesen Fälschungen Jahrzehnte lang die Fachwelt foppten. Zur Zeit dieser „Prillwitzer Idole" hielt man den Burgberg gleich hinter dem heutigen Friedhof für das legendäre „Rethra". Dieser „Ridderberg" stammt jedoch aus dem Hochmittelalter und fällt durch seine vergleichsweise starken Erdwerke auf. Man erreicht ihn am besten, wenn man von der Kirche aus links am Friedhof vorbeigeht.

Die unmittelbar vor Prillwitz liegende kleine Insel namens „Kietzwerder" war in slawischer Zeit Teil eines Siedlungskomplexes rund um den Lieps-See. Auf der größeren Insel in der Ostbucht des Sees, dem „Hanfwerder", fanden in den siebziger und achtziger Jahren des 20. Jahrhunderts unter Leitung von Dr. V. Schmidt aus Neubrandenburg Untersuchungen statt, die sowohl zur Aufdeckung einer Befestigungsanlage als auch eines Grundrisses eines als Tempel gedeuteten Blockbaus führten. Die Anwesenheit einer Herrscherschicht belegen einzelne Gräber auf einem freigelegten slawischen Friedhof am gegenüber liegenden Festland. Die Konzentration slawischer Siedlungen und Burgen gab

Den mittelalterlichen Burgberg in Prillwitz hielt man eine Zeit lang für das legendäre „Rethra"

mehrfach Anlass hier das legendäre „Rethra" zu lokalisieren, ohne dass bis heute schlüssige Beweise für diese Behauptung vorliegen. Beide Inseln wurden durch den Neubrandenburger Mühlenstau in der 2. Hälfte des 13. Jahrhunderts unbewohnbar gemacht. Damals stieg der Wasserstand von Lieps und Tollense-See um anderthalb Meter. Diese historische Begebenheit führte zur Sage um das versunkene „Schöne Reda", die man sich noch um 1900 in den Dörfern der Gegend erzählte.

Eine interessante Hügelgräberlandschaft befindet sich östlich des Ortes vor und in den „Prillwitzer Tannen". Der für Kraftfahrzeuge gesperrte Verbindungsweg nach Usadel verläuft parallel zum Seeufer und erreicht nach etwa 1,5 km den Waldrand. Bereits vorher ist auf dem freien Feld hangaufwärts ein von Buschwerk bestandenes bronzezeitliches Hügelgrab, der „Spitzbarg", zu sehen. Am Beginn des Waldes gelangt man rechts über einen aufwärts führenden Pfad zum etwa 100 m entfernt befindlichen „Pferdeberg", dem „Pierdbarg" der Sage. Diesen Hügel hatte man bereits im 18. Jahrhundert gekesselt, das heißt durch einen Grabungstrichter von oben her geöffnet. Leider ist seine frühere dominante und Landschaft prägende Erscheinung wegen einer Neuaufforstung im Jahr 1962 nur noch zu erahnen. „Pierdbarg" und „Spitzbarg" sind der Überrest einer ganzen Gruppierung großer Hügelgräber. Alle anderen fielen der Schatzgräberei und Flurbereinigung zum Opfer. Der „Pierdbarg" ist ein alter Spuk- und Sagenort. So soll in seiner Nähe ein Schatz liegen, der sich des Nachts gelegentlich als ein so genanntes Geldfeuer zeigt.

Am Fahrweg zurück, biegt man 100 m weiter in einen Waldweg rechts ab und erreicht in Kürze weitere, allerdings kleinere Hügelgräber, die 1845 im Auftrag des mecklenburg-strelitzischen Großherzogs gekesselt wurden.

↗ *Wustrow*

Vor Prillwitz liegt die kleine Insel „Kietzwerder"

Schöne Reda

Von dem südlich des Tollense-Sees gelegenen buchten- und inselreichen Gewässer namens Lieps erzählten sich die Leute, dass hier einst eine große und wohlhabende Stadt gestanden hätte. Schöne Reda hieß diese Stadt und die heutigen Inseln Kietzwerder und Hanfwerder wären damals die Marktorte gewesen und hätten wunderschöne große Gebäude, so ein Rathaus und mehrere Kirchen, besessen.

Da aber die Bürger der Stadt übermütige Gotteslästerer waren, versank der Ort eines Tages im See. Bei klarem Wasser kann man die Stadt in der Tiefe erblicken; wer in der Mittagsstunde des Johannistages, das ist der 24. Juni, über den See fährt, dem erscheint die Stadt in voller Schönheit und Unversehrtheit. Auch stiegen die Glocken an das Land und lägen in der Form großer Steine am Ufer. Einst kam an diesem Tag ein Prillwitzer Mädchen, wusch ihre Puppenwäsche im Seewasser und legte sie zum Trocknen auf zwei von drei großen Steinen. Plötzlich rollte der dritte Stein in das Wasser und helles Glockengeläut erklang. Die beiden anderen Steine jedoch verwandelten sich zum Erstaunen der Kleinen in wunderschöne Glocken.

Schnell verbreitete sich die Kunde von dem ungewöhnlichem Ereignis. Da der See sich im Besitz der Stadt Neubrandenburg befindet, erhoben deren Bürger Anspruch auf die Glocken. Aber der beauftragte Fuhrmann konnte sie nicht von der Stelle bewegen und erst ein Bauer aus Prillwitz, der sein Ochsengespann vor den Wagen spannte, bewältigte sie mit den Worten: „All vier toglieck, för Arm un Rieck!" Die Glocken sollen noch heute in der Prillwitzer Kirche hängen.

↗ *Tipp „Ridderberg" und „Pierdbarg" bei Prillwitz, S. 42*

Schrukfoot

Am Weg zwischen Usadel und Prillwitz liegt in Nähe des geheimnisvollen Liers- oder Elias-Baches der gewaltige „Pierdbarg". Er soll einst die Behausung eines dämonischen Pferdediebes gewesen sein, der „Schrukfoot" hieß. Eines Tages raubte er ein Mädchen, welches ihm fortan die Wirtschaft führen musste. Jeden Morgen vor Sonnenaufgang durfte sie den Hügel verlassen, um Wasser aus dem Bach zu holen. Einmal traf sie dort einen vorbeifahrenden Kutscher und als sie ihm ihr Leid klagte, sagte er ihr für den nächsten Tag Hilfe zu. Tatsächlich kam er am nächsten Morgen, zog sie schnell auf den Wagen und jagte gen Prillwitz zu. Schrukfoot aber, geweckt vom polternden Geräusch der Wagenräder, kam den Berg herunter und fegte doppelt so schnell hinterher. Glücklicherweise überquerten die beiden Flüchtenden rechtzeitig den alten Kreuzweg, der von Ehrenhof her herunterkam, und gelangten dadurch glücklich nach Hause. Geister können nämlich sich kreuzende Wege nicht überqueren. Schrukfoot soll der Sage nach einen elfenbeinfarbenen Rock getragen haben und ganz merkwürdig mit steif weggehaltenen Armen gelaufen sein. Manche sagten, er hätte überhaupt nicht mit den Armen gerudert, wie wir es tun, wenn wir etwas zu schnell einen steilen Hang hinunterrennen.

Die äußerlich intakte Form des „Pierdbarges" täuscht nicht darüber hinweg, dass er einst von Schatzgräbern ausgehöhlt wurde und heute eher einem Krater gleicht. Die Kesselung geht wahrscheinlich auf Asmus Wilhelm von Bredow zurück, der in der zweiten Hälfte des 18. Jahrhunderts Gutsbesitzer in Prillwitz und ein ambitionierter Antiquitätenjäger war. Die Sage hat ihn zu einem raffgierigen Mann gemacht, der im Verein mit Geisterbannern den Schatzgeistern zu Leibe rückte, um an die in den Hügeln verborgenen Güter zu gelangen.

↗ *Tipp „Ridderberg"*
und „Pierdbarg" bei Prillwitz, S. 42

Der sagenumwobene „Pierdbarg"

Die Mollenstorfer Kegelgräber

Beidseitig der alten Landstraße von Waren nach Penzlin liegen bei Mollenstorf drei Hügelgräber, die bereits vor langer Zeit durchwühlt worden sind. In diesen Hügeln sollen sich einst durch unterirdische Gänge miteinander verbundene Räuberhöhlen befunden haben.

Hier soll es der Sage nach nicht recht geheuer sein. Einmal fuhr ein Fuhrmann diese Straße. Es war ein verregneter Abend im Frühjahr. Der Wagen war leer aber die Pferde hatten genug zu tun, ihn durch den schlammigen Untergrund zu ziehen. Als nun das Fuhrwerk die Gräber passierte, fiel plötzlich ein Vorderrad ab. Der Fuhrmann stieg ab, entdeckte aber zu seinem Erstaunen, dass die Eisenmutter noch fest auf der Achse saß. ‚Wie ist das Rad abgekommen?‘, fragte er sich, und es wurde ihm ganz unheimlich zumute. Er suchte aber seinen Schraubschlüssel

hervor, brachte den Wagen wieder in Ordnung und fuhr weiter. Kaum hatten die Pferde ein paar Schritte getan, da lag schon wieder der Wagen. Dasselbe Rad war abgegangen, und: die Mutter saß fest auf der Achse. Er versuchte das Rad so überzustoßen. Vergebliche Mühe. Er musste die Mutter erneut losschrauben.

Endlich konnte er weiter fahren. Doch kaum zogen die Pferde an, da lag der Wagen wieder, dasselbe Rad war ab. Da überlief es den Mann eiskalt. Er sprang vom Fuhrwerk, um das Rad erneut aufzuschieben; denn auf offener Landstraße, im tiefsten Schmutz, im Regen und Unwetter konnte er doch unmöglich übernachten. Eben war er mit dem Rad fertig, da gewahrte er nicht weit von sich plötzlich ein Licht und im Schein desselben ein kleines, graues Männchen, das mit seiner heiseren Stimme

„Fuchsberg" und „Pfennigsberg" sind zwei der Mollenstorfer Hügelgräber

recht höhnisch über ihn lachte. Nun wusste der geplagte Mann, was gespielt wird. Er betete ein Vaterunser, knallte seinen Pferden mit der Peitsche um die Ohren und jagte, so schnell er zu Fuß nur folgen konnte, nach Penzlin zu, wo er denn auch mit einbrechender Nacht glücklich anlangte. Das Rad ist ihm später nie wieder abgegangen.

↗ *Mollenstorf*

Die Speisekammer bei Kühlungsborn

Im Wald zwischen den beiden Ortsteilen von Kühlungsborn liegt ein längliches Hügelgrab, dessen steile Seite für gewöhnlich die „Speisekammer" genannt wurde. Von diesem Ort ist zu hören, dass es hier nicht geheuer sein soll, vor allem in der Mittagsstunde. Einst überhörten zwei Männer, die in der Nähe gepflügt hatten, die Mittagsglocke. Als einer der beiden nun in die Nähe der „Speisekammer" kam, gewahrte er einen lieblichen Speisengeruch. Schnell rief er seinen Kameraden heran und richtig, da stand eine große Schüssel mit leckerer Speise und zwei Löffeln darin. Freilich begnügten sie sich nicht lange mit dem Anblick des dampfenden Mahls und leerten gemeinsam die Schüssel bis auf den Grund.

Während nun der eine vernehmlich „Danke" sagte und einen Schilling in die Schüssel tat, nahm der andere, ein roher Mensch, den Schilling heimlich wieder heraus und beschmutzte die Schüssel obendrein mit seinen Verdauungsresten.

Dem Undankbaren bekam das Possenreißen jedoch schlecht. Tage später wurde er krank und wie die Tage verstrichen, so verging auch seine Lebenskraft.

Drei Schatzgräber

Drei Männer aus Grünow, ein Schneider, ein Weber und ein Arbeitsmann trafen sich eines Abends auf dem Rückweg vom Jahrmarkt in Alt-Strelitz. Auf dem Heimweg kam das Gespräch auch auf das leidige Geld. Nie sei genug da und überhaupt sei es viel zu behende, wie gewonnen so zerronnen. „Hol's der Teufel", sagt da der Weber, „wüsste ich einen Schatz, ich würde ihn noch heute heben!" Freilich, auch die anderen Beiden sind dazu bereit, brüderliche Beuteteilung vorausgesetzt. Und siehe, ein vierter Wanderer gesellt sich zu ihnen. Er ist plötzlich da, tut freundlich mit ihnen und offeriert ihnen schließlich Folgendes: Ja, ein Schatz läge hier in der Nähe. Eigentlich ein Kinderspiel, ihn zu heben. Nur sprechen dürfe man bei der Arbeit nicht, sonst verschwände der Schatz. Und als nun die drei Männer auch wirklich einwilligten, führte der Fremde sie zu einem kleinen Hügel, gab ihnen Hacken und Spaten und ermahnte sie noch einmal, ja kein Sterbenswörtchen zu verlieren, was auch passieren würde. Schnell griffen die wackeren Grünower, es war unterdes-

sen Nacht geworden, zu den Werkzeugen und kümmerten sich nicht weiter um den Fremden. Er war unterdessen ohnehin verschwunden. Nun schwer am Graben, rann ihnen bereits der Schweiß von der Stirn, nur kurz richten sie sich auf, um den Rücken zu strecken. Da gewahren sie eine heran jagende Kutsche, bespannt mit zwei schwarzen Pferden. Mehrere scheußliche Gestalten stürzen heraus, schleppen allerlei Geräte und Balken herbei und beginnen eiligst, einen Galgen zu errichten. Wohl sehen unsere Schatzgräber dies mit Schaudern, allein, ihre Werkzeuge stoßen auf eine metallisch glänzende Kiste und das Schippen geht weiter. Unterdessen ist auch der Galgen fertig. Laut beratschlagen sich die unheimlichen Gestalten, wer zuerst baumeln soll. „Ja nun," schreit endlich einer, „nehmt den Rotstrumpf!"

Rote Strümpfe aber trägt unser Weber. Eiseskälte überrieselt den Mann und den Schatz vergessend erhebt er laut ein Klagegeschrei und fleht um sein Leben. Kaum aber dringen die ersten Worte aus des Webers Mund, so schwindet auch schon allen dreien das Bewusstsein. Als unsere tapferen Schatzsucher am anderen Morgen wieder zu sich kamen, da lagen der Schneider und der Arbeitsmann mit zerschundenen Knochen vor ihren Haustüren in Grünow; der Weber indes steckte in einem Backofen im Dorf Groß Schönfeld, eine halbe Meile von Grünow entfernt.

Bodendenkmale
von A wie Altenkirchen bis Z wie Zislow

Hünengrab bei Rerik

Für die nachfolgende Aufstellung wurden Bodendenkmale ausgewählt, die von ihrer landesgeschichtlichen Bedeutung, ihrem Erhaltungszustand und von ihrer landschaftlichen Einbindung her einer Besichtigung besonders wert sind. Für den Besuch ist eine gewisse Mobilität Grundvoraussetzung. Mit dem Auto gelangt man jedoch oft nicht in die unmittelbare Nähe der beschriebenen Stätten. Zu Fuß oder mit dem Rad sind die mitunter kilometerlangen Feld- und Waldwege wesentlich besser zu meistern.

Gutes Schuhwerk ist dann vonnöten, wenn es in den Beschreibungen „gelegen auf dem Felde" heißt. In diesem Fall ist ohnehin der Herbst und der Winter, also nach der Ernte, die beste Zeit des Jahres für den Besuch. Gleiches gilt für im Wald befindliche Anlagen. Hügelgräber und Erdwälle sind im sommerlichen Blätterdickicht mitunter schwer zu erkennen.

Oft sind die angegebenen Objekte touristisch erschlossen, gut beschildert und ganzjährig zugänglich.

In die Aufstellung wurden zudem Museen und Institutionen aufgenommen, die weitergehende Informationen zur mecklenburgisch-vorpommerschen Archäologie vermitteln können.

Altenkirchen, Lkr. Rügen
↗ *Archäologische Wanderungen 1, S. 86*

Ankershagen, Lkr. Müritz

Die Gemeinde Ankershagen hat eine Informationsstelle im Gutshaus eingerichtet, bei der man sich über Bau- und Bodendenkmale und auch über das „Heinrich-Schliemann-Museum" unterrichten lassen kann. Zudem werden Führungen angeboten, so zum auffallenden Hügelgrab „Königswiege" auf dem Glockenberg unweit des Nationalparkeingangs bei Friedrichsfelde.

Informationsstelle der Gemeinde Ankershagen
Tel. 039921/35046

Arkona, Lkr. Rügen
↗ *Archäologische Wanderungen 1, S. 86*

Barendorf, Lkr. Nordwestmecklenburg
↗ *Archäologische Wanderungen 2, S. 87*

Basedow, Lkr. Demmin

Bronzezeitlicher Sperrwall unweit von Basedow

Wenige Kilometer von Basedow entfernt liegt auf einem Höhenzug über dem Malchiner Seenbecken eine der ganz wenigen Wallburgen der Bronzezeit. Man benutzt für einen Besuch den ausgeschilderten und reizvollen „Balkonweg", beginnend am östlichen Dorfrand. Nach etwa 1,5 km Fußweg folgt man am Waldrand dem „Germanenweg", der als schmaler Fußsteg direkt zur Burg führt. Es handelt sich um einen Bergrücken mit anscheinend künstlich angesteilten Seitenhängen sowie Erdwällen an den natürlichen Zugängen in Nord und Süd. Die Anlage ist Beleg für einen erhöhten Sicherheitsbedarf am Ende der Bronzezeit, offenkundig bedingt durch kriegerische Ereignisse.

Megalithgrab im Schlosspark Basedow

Im Weichbild des Basedower Renaissanceschlosses ist ein gut erhaltenes Großsteingrab am Rande des Parks ein Element der Gartenarchitektur geworden. Der
berühmteste Gartenbaumeister des 19. Jahrhunderts, P. J. Lenné entwarf den
offenen Landschaftspark nach englischem Vorbild und band das vorgeschichtliche
Grab weithin sichtbar in einer Baumgruppe ein. Die längliche Grabkammer wird
von drei großen Decksteinen verschlossen. Einer der Steine weist Schälchen auf.
Unweit davon befinden sich die Reste eines weiteren Hünengrabes sowie zwei kleine Grabhügel aus der Bronzezeit.
↗ *Karstorf*

Bergen, Lkr. Rügen

Ein slawischer Bildstein aus Granit mit den verwaschenen Konturen eines Mannes mit Mantel, Mütze und vor der Brust gekreuzten Armen ist aufrecht eingemauert in der Westfassade der um 1180 gegründeten Stadtkirche St. Marien,
von der Marktplatzseite aus in Kniehöhe gut sichtbar. Der gut über ein Meter
hohe Stein trug vor Jahrzehnten noch ein eingeritztes Kreuz, welches in der
Zwischenzeit nicht mehr erkennbar ist.
Direkt nördlich der Stadt befindet sich der „Rugard" auf der mit 90 m höchsten
Erhebung der Insel Rügen. An dieser Stelle ist nicht nur die Aussicht vom Ernst-
Moritz-Arndt-Turm empfehlenswert, sondern auch die bereits in altslawischer
Zeit gegründete Wallburg auf dem Bergplateau. Die Wallanlagen der aus Haupt-
und Vorburg bestehenden slawischen Befestigung, die bis in das 13. Jahrhun-
dert hinein von Bedeutung war, sind größtenteils noch gut sichtbar. Abgesehen

von einer kleinen Sondierung im Jahr 1868 und einem Wallschnitt 1977 fanden hier bislang keine Ausgrabungen statt. Im neuen Museum der Stadt Bergen widmet sich ein Teil der Ausstellung den slawischen Göttern bzw. den Tempelburgen der Insel Rügen.

Stadtmuseum Bergen	Tel. 03838/252226
Billrothstraße 21	Mai-September Mo-Sa 10-17 Uhr
18528 Bergen	Oktober-April Mo-Fr 10-12.30, 13-16 Uhr

Blengow, Lkr. Bad Doberan

Radkreuze und Schälchen auf einem Deckstein bei Blengow

Ein Großsteingrab liegt auf dem Voßberg am Weg nach Wischuer. Etwa 1 km hinter Blengow zweigt an einem Gehöft rechts ein Weg ab. Nach 150 m befindet sich die Anlage auf der rechten Seite nur wenige Schritte entfernt auf dem Feld. Die Kammer des Ganggrabes ist 1910 zerstört worden. Jedoch haben sich auf dem liegen gebliebenen nördlichsten Deckstein neben kleinen Schälchen auch vier Radkreuz-Ritzungen erhalten. Sie sind bei Seitenlicht gut zu sehen. Ob diese Zeichen, wie die Schälchen, aus der Bronzezeit oder aber auch aus der slawischen Zeit stammen, ist unklar. Ganz in der Nähe fanden sich Hinweise auf eine spätslawische Ansiedlung des 11./12. Jahrhunderts.
Ein zweites Grab in der Umgebung, ein Urdolmen, ist bereits 1871 beseitigt worden und heute vollständig verschwunden.
↗ *Archäologische Wanderungen 3, S. 89*

Burtevitz, Lkr. Rügen

Das die „Ziegensteine" genannte Großsteingrab liegt direkt am Waldweg nach Groß Stresow kurz vor dem Abzweig nach Dummertevitz.

Im Hünenbett und über der Grabkammer fand man die Überreste von etwa zwanzig Urnenbestattungen offenbar heidnischer Slawen des 12. Jahrhunderts. Üblich war zu dieser Zeit bereits die Körperbestattung nach christlichem Vorbild. Vielleicht handelte es sich um Mitglieder einer Priesterkaste, die man hier am „heiligen Ort" zur Ruhe bettete. ↗ *Tipp, S. 11*

Boitin, Lkr. Güstrow
↗ *Tipp, S. 28*

Damerow, Lkr. Demmin

Zwei jungsteinzeitliche Großsteingräber befinden sich 300 m südwestlich des kleinen Ortes Damerow, rechts des Weges nach Groß Zastrow. Der unweit vorbeiführende Feldweg ist mit dem Auto befahrbar. Eines der Gräber wird durch eine markante Birke gekennzeichnet. Weitere Hünengräber finden sich bei ↗ *Sassen* und im Poggendorfer Forst sowie bei ↗ *Pustow*.

Dargun, Lkr. Demmin

Eine gut geschützte und weiträumige slawische Burganlage des 9. und 10. Jahrhunderts liegt nordwestlich der Stadt Dargun mit seiner sehenswerten Klosterruine. Auf einem von drei Seiten von feuchten Niederungen umgebenden Geländesporn liegen mehrere hintereinander gestaffelte Abschnittswälle, die eine kleine Kernanlage schützen. Später fand die Anlage Verwendung als jüdischer Friedhof.

Es gibt sowohl vom Darguner Kloster als auch, besser, von der alten Stadtkirche aus Wegweiser zum Erlaufen der Burganlage. Folgt man diesem Wanderweg, passiert man zunächst die Erdwälle der drei Vorburgen um schließlich zur Hauptburg zu gelangen.

Demmin, Lkr. Demmin

Eine gewaltige slawische Wallburg aus dem 9. Jahrhundert befindet sich südlich von Demmin, nahe Vorwerk. Von der B 194 zweigt man auf die Landstraße Richtung Burow/Altentreptow ab, um gleich nach den letzten Häusern Vorwerks nach links auf einen befahrbaren Feldweg abzubiegen. Diesem folgt man fast bis zum Ende. Rechts, nahe des Ufers der Tollense, erheben sich gut sichtbar die ein großes Oval umfassenden Wallzüge der ehemaligen Burg. Auch die offene Nordseite besaß ursprünglich einen heute eingeebneten Erdwall. Im Gegensatz zu anderen Burgwällen wählte man hier eine strategisch ungünstige Stelle, da nur auf einer Seite die Tollenseniederung natürlichen Schutz bot.

Dorf Mecklenburg, Lkr. Nordwestmecklenburg

Der neben Arkona berühmteste slawische Burgwall des Bundeslandes findet sich am Südende des Dorfes in einer jetzt weitgehend trockengelegten Niederung. Seit 1870 nutzt die Gemeinde das Burginnere als Friedhof. Die Zufahrt ist ausgeschildert.

Der bis zu 15 m hohe Erdwall umgrenzt eine ovale Fläche von 120 x 180 m. Die Burg gehört damit zu den größten Anlagen ihrer Art in Mecklenburg-Vorpom-

mern. Sie besaß bereits im 10. und 11. Jahrhundert christliche Gotteshäuser und beherbergte zeitweilig sogar einen Bischof, der allerdings im Jahr 1066 von aufständischen Slawen hingerichtet wurde. Bei den Abwehrkämpfen gegen den Sachsenherzog Heinrich den Löwen im Jahr 1160 und in den folgenden Jahren spielte die Anlage eine bedeutende Rolle. Als Stammburg der mecklenburgischen Fürsten bis 1256 in Gebrauch, wurde sie mit ihrer deutschen Bezeichnung „Mecklenburg" namensgebend für das gesamte Land. Im Slawischen nannte man sie kurz „Wiligrad", was „Grosse Burg" bedeutet.

Bereits 1839 identifizierte man den Burgwall als das urkundlich erwähnte „Mecklenburg". In den zwanziger Jahren des 20. Jahrhunderts erfolgten erste archäologische Sondagen. Zu dieser Zeit entdeckte man auch eine Vorburgsiedlung und ein Gräberfeld. Von 1967 bis 1971 vom damaligen Zentralinstitut für Alte Geschichte und Archäologie der DDR durchgeführte Untersuchungen führten zur Anlage eines großen Wallschnittes. Er zeigte, dass bereits die älteste, aus dem 8. Jahrhundert stammende Bauphase einen für damalige Verhältnisse gewaltigen Verteidigungswall besaß. Der in hölzerner Kastenbauweise errichtete Wall war an der Basis beinahe 13 m breit und mindestens 7 m hoch. Über mehrere Jahrhunderte haben die Obodriten das Befestigungswerk ihres Hauptortes immer weiter ausgebaut und erhöht.

Everstorf, Lkr. Nordwestmecklenburg
↗ *Archäologische Wanderungen 2, S. 87*

Feldberg, Lkr. Mecklenburg-Strelitz

Auf dem Hochufer des Breiten-Luzin-Sees nördlich von Feldberg lädt eine slawische Wallanlage zur Besichtigung ein. Dem am westlichen Ufer verlaufenden Weg folgend stößt man auf die ausgeschilderte Anlage. Ein wahrscheinlich ehemals leicht befestigtes Hochplateau wird an seinem Fuß von einem bogenförmigen Erdwall geschützt. Sowohl Plateau als auch das Areal hinter dem Wall waren im 9. Jahrhundert dicht besiedelt. Ausgrabungen haben zudem ergeben, dass der vom Plateau in Richtung See gehende Geländesporn auf seiner Spitze ein besonderes Gebäude trug: möglicherweise einen Tempelbau.
Erste Untersuchungen führte der Feldberger Ingenieur G. Oesten zwischen 1881 und 1887 durch. Der international renommierte Archäologe Prof. C. Schuchhardt aus Berlin meinte nach weiteren Grabungen 1922 an dieser Stelle den slawischen Tempelort „Rethra" identifizieren zu können. Nach heutigem Erkenntnisstand trifft dies nicht zu, sehr zum Unwillen mancher Lokalpatrioten. Die Feldberger Anlage war bereits zu einer Zeit aufgegeben oder zerstört worden, als an „Rethra" noch gar nicht zu denken war. Ausgrabungen im Jahr 1968 durch den Berliner Archäologen Prof. J. Herrmann hatten nämlich gezeigt, dass die gesamte Anlage im 9. Jahrhundert errichtet wurde und nur für kurze Zeit in Gebrauch war. Wie die Auswertung der Grabungsergebnisse ergab, fand hier anscheinend ein ganzer Kleinstamm, bestehend aus 600 bis 1200 Menschen Unterkunft.

Flessenow, Lkr. Nordwestmecklenburg

Der slawischer Burgwall „Dobin" liegt zwischen Schweriner See und dem kleinen Döpe-See. Aufgrund der Jahrhunderte langen ackerbaulichen Nutzung sind das

Geländeprofil stark verwaschen und die ehemals vorhandenen Erdwälle oberflächlich nicht mehr sichtbar. Einzig die horstartige Lage inmitten eines Niederungsgebietes lässt die Existenz einer Burganlage erahnen. Ein Fußweg führt von Hohen Viecheln zum Ostufer des Schweriner Sees. Nach einigen hundert Metern erhebt sich links das Burgplateau.

Die Burg war nur kurzzeitig in Benutzung. Sie wurde 1147 vom Obodritenfürsten Niklot ausgebaut und im selben Jahr erfolglos von einem deutsch-dänischen Heer während des „Wendenkreuzzuges" belagert. Nach erzwungener Massentaufe der einheimischen Bevölkerung am Döpe-See zogen die Kreuzfahrer ab. Im Jahr 1160 ließ Niklot die Befestigung auf dem Rückzug vor dem Heer des mächtigen Sachsenherzogs Heinrich des Löwen niederbrennen. Wenig später fiel er selbst bei ↗ *Werle*.

1840 lokalisierte der Schweriner Archivar F. Lisch die urkundlich überlieferte „Veste Dobin" an dieser Stelle. Die Pflugtätigkeit förderte bereits damals viele Fundstücke zutage. Geomagnetische Untersuchungen, begleitet von Sondagegrabungen und Luftbildprospektionen, führten in den Jahren 1999/2000 unter Leitung des Jenaer Universitätsprofessors P. Ettel zum Nachweis einer kleinen Hauptburg im Norden des Geländes und einer vorgelagerten Befestigung südlich davon. Die dendrochronologische Auswertung erbrachte für die Bauhölzer der Burg eine Fällzeit für die Jahre vor 1147/48 und bestätigte damit, in für archäologische Stätten seltener Übereinstimmung, die historische Überlieferung. Schließlich ließ sich auch die Zerstörung von 1160 durch eine Brandschicht belegen. Der Ackerbau hat vor allem in den höheren Geländebereichen viele archäologische Befunde zerstört. Es wird angestrebt, die Pflugtätigkeit in diesem Bereich ganz aufzugeben, um das noch Vorhandene langfristig zu schützen.

Frauenmark, Lkr. Parchim

Eine interessante Gruppierung von Großsteingräbern befindet sich in der Umgebung von Frauenmark. Ein offenbar unvollendetes Grab liegt am Papensoll, einem kleinen Waldtümpel. Zu ihm gelangt man auf dem befahrbaren Feldweg von Frauenmark. Kurz vor dem Ortsausgang sollte man nicht links die Hauptstraße nach Kossebade, sondern geradeaus nach Richtung Hof Bergrade fahren. Nach 1200 m erreicht man die Waldkante und hält sich per pedes auf dem links am Waldrand einsetzenden Weg. Nach weiteren 200 m sind auf der rechten Seite, bereits im Wald, Tümpel samt Grabanlage zu sehen. Den Erbauern des Grabes ist damals ein Deckstein in die halb fertige Kammer gestürzt, woraufhin sie die Arbeit einstellten und die Anlage ungenutzt blieb. In der näheren Umgebung fanden sich auch Gegenstände aus späterer germanischer Zeit.

Ein schönes Grab, das so genannte „Birkengrab", erreicht man vom Ortsausgang Frauenmark aus, indem man nicht die Straße nach Kossebade weiterfährt, sondern den schlecht befahrbaren Weg links davon nach Zölkow nimmt. Nach 600 m sieht man die Grabanlage in einem restaurierten Hünenbett. Es befindet sich rechts auf offenem Feld unter einer großen Birke.

Drei weitere Gräber, darunter ein unter alten Eichen befindliches 65 m langes Hünenbett, findet man an den Fischteichen. Von Frauenmark in Richtung Goldenbow biegt man nach kurzer Wegstrecke links in den Waldweg zu den Fischteichen ab und lässt das Fahrzeug hinter den beiden Häusern links auf der Anhöhe zurück. Dem Uferweg folgend gelangt man nach etwa zehn Minuten Fußweg zu den einsam gelegenen Anlagen am Rande des Steilufers.

↗ *Neu Ruthenbeck*

Garz, Lkr. Rügen

Ein slawischer Burgwall erhebt sich eindrucksvoll am Südrand der Stadt nahe des Ernst-Moritz-Arndt-Museums. Die im Grundriss ovale Anlage befindet sich auf einem teilweise mit drei Vorwällen befestigten Plateau von bis zu 15 m Höhe. Die Innenfläche der Burg neigt sich zum See hin. In der damals „Charenza" genannten Burg residierten im 12. und 13. Jahrhundert die Fürsten des slawischen Stammes der Ranen. Hier befanden sich auch drei heidnische Tempel. Jeder dieser Tempel war einem Gott gewidmet. Die hölzernen, überlebensgroßen Standbilder des siebenköpfigen „Rugiaviet", mit sieben Schwertern am Gürtel und einem achten in der Hand, sowie der beiden fünfköpfigen Götter „Porevit" und „Porenut" fielen im Juni 1168 unter den Axthieben der dänischen Eroberer. Der „Schlosswall" genannte Burgwall lieferte bereits 1725 erste Funde. Umfangreiche Ausgrabungen haben an dem von Sagen umwobenem Ort bis heute nicht stattgefunden.

Gnewitz, Lkr. Bad Doberan

Reste eines Hünenbettes bei Gnewitz

Vier in einer Reihe angeordnete jungsteinzeitliche Großsteingräber liegen unter Baumgruppen unweit des Recknitztales. Man folgt der Dorfstraße in Gnewitz bis zum Südende des Dorfes und fährt den weiterführenden Feldweg etwa 500 m bis zu einer flachen Anhöhe. Links sind in einiger Entfernung die vier Baumgruppen mit den Gräbern zu sehen. Bei abgeernteten Feldern sind diese zu Fuß gut zu erreichen. Die in aufgeschütteten Hügeln liegenden, von Hünenbetten umgebenen Ganggräber sind größtenteils gut erhalten. Teilweise fehlen jedoch die Decksteine. Das letzte Grab der Gruppe besaß innerhalb eines stark zerstörten Hünenbettes lediglich eine von einer Steinpackung umgebende Bestattung.

↗ *Liepen*

Göhren, Lkr. Rügen

Ein bronzezeitlicher Grabhügel, genannt „Speckbusch", erhebt sich weithin sichtbar neben der Göhrener Dorfkirche und bietet einen guten Rundumblick über Ostsee und Bodden. Nicht weit vom Göhrener Nordstrand entfernt liegt ein großer Findling, der „Buskam", in der Ostsee. Vorzeiten sollen Mönchguter Hochzeitsgesellschaften die Plattform des Steines als Tanzfläche genutzt haben. Eine vorgeschichtliche Nutzung des markanten Steines ist freilich nicht belegt. Es bleibt der Fantasie des Betrachters überlassen, den neuzeitlichen Brauch auf sehr viel ältere Traditionen zurückzuführen.

↗ *Tipp, S. 19*

Görslow, Lkr. Parchim

Zwei bronzezeitliche Grabhügel befinden sich direkt hinter dem Ortsausgang in Richtung Rampe. Die von Bäumen bestandenen Hügel stehen im Feld links der Straße und sind von hier aus gut sichtbar. Man hat an dieser Stelle einen guten Blick über den Schweriner See und das Weichbild der Landeshauptstadt.

Groß Görnow, Lkr. Parchim

Ein eindrucksvoller Wallzug aus altslawischer Zeit umfasst ein stark gegliedertes Hochplateau über dem Warnowtal und entspricht durch seine Weiträumigkeit so gar nicht den üblichen Vorstellungen von einer Burg. Man folgt dem ausgeschilderten Fahrweg in Richtung „Warnow-Durchbruchstal" bis zum Parkplatz. Kurz vor dem Parkplatz liegt direkt am Weg links ein unversehrter bronzezeitlicher Grabhügel. Nun geht man etwa 300 m bis zur hölzernen Fußgängerbrücke. Eine Informationstafel befindet sich hier am Fuße der aus dem 9. Jahrhundert stammenden Burganlage. Ein einziger Wallzug umschließt ein recht großes Terrain, wobei er im Nordostteil in jüngerer Zeit abgetragen ist. Die Verteidigung derartig weitläufiger Anlagen konnte nur von einer entsprechend großen Anzahl von Kriegern bewerkstelligt werden. Man nimmt daher an, dass Burgen wie diese Sitz eines ganzen Kleinstammes waren.

Nach einem Rundgang über den Wall kann man dem Weg an der Warnow weiter folgen und kommt nach wenigen hundert Metern zu einer Moorinsel auf der sich zwei steile Erdhügel befinden. Selbst wenn es sich nicht um vorgeschichtliche Grabanlagen handelt, wie vermutet, sondern um natürliche Gebilde, lohnt ein Besuch dieses im Naturschutzgebiet liegenden Waldstückes.
↗ *Klein Görnow,* ↗ *Groß Raden*

Groß Raden, Lkr. Parchim

Rekonstruierter Tempelbau von Groß Raden

Das bekannteste archäologische Museum des Bundeslandes ist das Archäologische Freilichtmuseum in Groß Raden bei Sternberg. Zwischen 1973 und 1980 wurde von dem Schweriner Archäologen Prof. E. Schuldt eine kleine, auf einer ehemaligen Insel liegende Wallburg mitsamt der vorgelagerten Siedlung aus dem 10. Jahrhundert ausgegraben. Die idealen Erhaltungsbedingungen im moorigen Untergrund führten zur Auffindung zahlreicher hölzerner Bauteile, sodass die Anlage seit Mitte der achtziger Jahre in seinen Grundzügen rekonstruiert werden konnte. Die kreisrunde Wallburg mit Wehrgang, Torturm und Götterstele ist durch eine Brücke mit der ebenfalls befestigten Vorsiedlung verbunden. Hier befinden sich am Originalstandort Flechtwand- und Blockhäuser sowie ein Tempelbau mit einer Außenwand aus so genannten Kopfbohlen.

Die Mitarbeiter des Museums und Mitglieder des Fördervereins bieten eine breite Palette an Aktivitäten an. Neben themenorientierten Wochenendaktionen ist vor allem die im Juli stattfindende Museumswoche empfehlenswert.

Der gebührenpflichtige Museumsparkplatz befindet sich in Groß Raden. Zu Fuß erreicht man in einem längeren Spaziergang zunächst das außerhalb des Dorfes befindliche Museumsgebäude mit einer Ausstellung zur Geschichte und Kultur der slawischen Stämme in Nordostdeutschland. Das Freilichtgelände ist ebenfalls über einen Fußweg erschlossen.

↗ Groß Görnow, ↗ Klein Görnow
Archäologisches Freilichtmuseum Groß Raden
19406 Groß Raden
Tel. 03847/2252 April-Oktober täglich 10-17.30 Uhr
www.gross-raden.de November-März Di-So 10-16.30 Uhr

Groß Stresow, Lkr. Rügen

Drei jungsteinzeitliche Großsteingräber findet man auf dem Höhenrücken über der Stresower Bucht. Der Zufahrtsstraße nach Groß Stresow ist bis zum höchsten Punkt zu folgen, um von hier aus rechts über das Feld zu der Grabgruppe zu gelangen. Eines der Gräber besitzt ein gut erhaltenes, hoch gewölbtes Hünenbett mit einer darin befindlichen Grabkammer. Von hier aus hat man einen vorzüglichen Blick über die Stresower Bucht.
Auf dem gleichen Hang befindet sich nördlich von Wobbanz eine Gruppe von sechs Grabhügeln der Bronzezeit.
Drei Großsteingräber liegen direkt neben der Landstraße im Ortsbereich Nadelitz, ein weiteres am Wegedreieck bei Lonvitz.
↗ Burtevitz, ↗ Tipp, S. 11

Groß Upahl, Lkr. Güstrow

Zwei der großen älterbronzezeitlichen Hügelgräber

Eine unbedingt sehenswerte bronzezeitliche Grabhügelgruppe liegt beiderseits eines zum Lenzener See fließenden Baches. Die Straße von Tieplitz nach Groß Upahl durchquert auf halber Strecke ein Wäldchen mit besagtem Bach. Ausgangs des Holzes quert man rechts über die am besten abgeernteten Felder zur in etwa 200 m Entfernung liegenden größeren Baumgruppe. Der hier befindliche „Wendenkirchhof" beherbergt 35 kleine Hügelgräber der jüngeren Bronzezeit auf engem Raum. Anscheinend geht jedoch seine heutige Bezeichnung auf den Schweriner Archivar F. Lisch zurück, der das damals noch „Vossberg" genannte Gelände 1854 besuchte und daraufhin als „Wendenkirchhof" publik machte. 1958/59 grub der Archäologe F. Just einige der bis zu 15 m im Durchmesser zählenden Anlagen aus und wies dabei nach, dass alle von ihm untersuchten Anlagen von einem Steinkreis umgeben waren und Urnenbestattungen in Steinkisten enthielten. Die Grabungsergebnisse legen nahe, die unterschiedliche Größe der Hügel auf eine fortgeschrittene soziale Differenzierung der bronzezeitlichen Gesellschaft zurückzuführen. Unter einem Grabhügel fand sich darüber hinaus ein überlagerter neolithischer Bestattungsplatz. Leider hat man die untersuchten Anlagen nach der Ausgrabung nicht denkmalgerecht wiederhergestellt.

Nur einhundert Meter weiter abwärts befinden sich beidseitig des Baches fünf große kegelförmige Hügelgräber. In dieser Konzentration stellen die mehrere Meter hohen Anlagen mit ihren gut erhaltenen steilen Hängen etwas Besonderes dar. Sie stammen im Gegensatz zu den Anlagen im „Wendenkirchhof" aus der älteren Bronzezeit.

Befindet man sich einmal in dieser Gegend lohnt sich eine Besichtigung der eisenzeitlichen Steinkreise im Forst bei ↗ *Boitin* und ein Besuch des Archäologischen Lehrpfades von ↗ *Lohmen.*

Grüttow, Lkr. Ostvorpommern

Der „Wartislawstein", ein vermutlich aus dem 12. Jahrhundert stammender slawischer Bildstein aus Granit, ist auf einem kleinen Hügel an der Chaussee von Jarmen nach Anklam am Abzweig nach Grüttow zu besichtigen. An dieser Stelle befindet sich der Stein seit 1930, vordem war er nördlich der Chaussee weiter auf dem Feld zu finden. Der 1,2 m hohe und 1 m breite Findling ist auf beiden Flachseiten bearbeitet. Während die Vorderseite ein flach eingemeißeltes Kreuz sowie ein Horn aufweist, zeigt die Rückseite in einer bogenförmigen Umrahmung eine strichartige Menschenfigur mit weitem Kittel. Der Sage nach widmete man den Stein dem ersten christlichen Pommernfürsten Wartislaw dem Bekenner, nachdem dieser im Jahr 1135 an der Peene bei Stolpe von heidnischen Slawen erschlagen worden war.

Jatzke, Lkr. Mecklenburg-Strelitz

Eine große slawische Burganlage mit geräumiger halbkreisförmiger Vorburg und ovaler Hauptburg findet man am Rande eines heute verlandeten Sees. Die Burg wurde, wie Ausgrabungen durch den Neubrandenburger Archäologen Dr. V. Schmidt in den Jahren 1978 und 1979 zeigten, bereits im 9. Jahrhundert erbaut, nach einer Brandkatastrophe jedoch nicht erneuert. Bis in das 12. Jahrhundert hinein benutzten die Slawen den Burginnenraum und das vorgelagerte Gelände für eine dörfliche Ansiedlung.

Die Burg liegt am südöstlichen Ortsrand und befindet sich direkt hinter dem „Media-Zentrum" mit seinem Parkplatz. Die Anlage ist mit alten Bäumen bestanden und parkähnlich gestaltet.

Karstorf, Lkr. Güstrow

Das Zeitalter der Romantik ließ im ersten Drittel des 19. Jahrhunderts Parklandschaften entstehen, die, nicht zuletzt um einem patriotischen Gefühl zu huldigen, den vorhandenen Bodendenkmalen gebührenden Wirkungsraum verschafften (↗ *Basedow*). Wo originale Anlagen fehlten, half man mitunter nach. Im Park von Burg Schlitz errichtete der damalige Besitzer nicht nur ein „Riesengrab" und einen „Wendenaltar", sondern sogar einen „altdeutschen Altar". Eine Besichtigung lohnt dieser leicht verwilderte Park mitsamt seinen zahlreichen Obelisken und Gedenksteinen jedoch nicht nur wegen dieser Kuriositäten. Hinter dem Wanderstabdenkmal findet sich in einem Wäldchen auch eine originale Hügelgräbergruppe.

Kastorf, Lkr. Demmin
↗ *Wildberg*

Katelbogen, Lkr. Güstrow

Die Kammer bei Katelbogen

Ein eindrucksvolles Großstein-grab auf einer markanten, Buchen bewachsenen Anhöhe liegt rechts des Weges von Katelbogen nach Qualitz auf dem Feld (etwa 200 m hinter dem Ortsausgang Katelbo-gen). Zu besichtigen ist hier ein gut erhaltenes Hünenbett mit einer gewaltigen Grabkammer von der jedoch ein Deckstein fehlt. Die Kammer war ursprünglich innen mannshoch und ist jetzt nahezu vollständig mit Erde aufgefüllt. Nur 150 m wei-ter, in gleicher Entfernung zum Weg, befindet sich ebenfalls auf dem Feld ein bereits zur Gemarkung Qualitz gehörendes, von einem Vogelbeerbaum bewach-senes und auffallend lang gestrecktes Großsteingrab, dessen Decksteine jedoch weitestgehend in die Kammer gerutscht sind. Bemerkenswert sind die zahlrei-chen, wohl in der Bronzezeit angebrachten flachen Schälchen auf der Oberseite eines Decksteines.

↗ *Mankmoos*

Schälchen auf einem Deckstein der Qualitzer Steinkammer

Klein Görnow, Lkr. Parchim

Das „Hünengrab" von Klein Görnow

Das eindrucksvolle Großsteingrab von Klein Görnow befindet sich 500 m nordöstlich des Ortes, unweit der Straßengabelung nach Groß Görnow bzw. Eickelberg. Vom dortigen Parkplatz sind es nur wenige Schritte bis zum Grab. Eine Erläuterungstafel steht neben der Anlage. Ausgrabungen legen nahe, dass das Grab in zwei Phasen errichtet wurde. Der noch heute intakte Westteil der Kammer mit vergleichsweise größeren Steinblöcken ist demnach der älteren Bauphase zuzuordnen. Wenig später hat man aus kleineren Blöcken die Kammer ostwärts verlängert. Da die Grabkammer nicht von einem stützenden Hünenbett umgeben worden war, rutschte ein Großteil der Decksteine anscheinend bereits in der Nutzungszeit zwischen die seitlich nachgebenden Trägersteine. Beachtenswert sind die zahlreichen Schälchen auf dem ersten und zweiten Deckstein. Die 1966 von Prof. E. Schuldt ausgegrabenen Funde sind teilweise im Heimatmuseum Sternberg ausgestellt.

Nördlich des Grabes befindet sich der „Hünenkeller", ein merkwürdiger und tiefer Krater. Spekulation ist, ob er bei vorgeschichtlichen Ritualen eine Rolle spielte. Belege für diese Annahme gibt es nicht.

↗ *Groß Görnow,* ↗ *Groß Raden*

Heimatmuseum Sternberg	Tel. 03847/2162
Mühlenstraße 6	Mai-Oktober
19406 Sternberg	Di-Fr 10-12, 13-16 Uhr
	So 15-17 Uhr

Kruckow, Lkr. Demmin

Direkt an der Chaussee nach Demmin findet man ein mächtiges Großsteingrab in einem trapezförmigen Hünenbett mit großen Wächtersteinen. Parkmöglichkeiten und eine Erläuterungstafel erleichtern den Besuch.

Ein spätmittelalterliches Steinkreuz aus Muschelkalk von 2 m Höhe steht in einer Buschgruppe an der Straße nach Schmarsow hinter dem letzten Gehöft. Über die historischen Hintergründe ist nichts bekannt.

Lancken-Granitz, Lkr. Rügen
↗ *Tipp, S. 11*

Liepen, Lkr. Bad Doberan

Die Megalithgräber an der Recknitzbrücke bei Liepen

Zwei jungsteinzeitliche Großsteingräber befinden sich am Weg nach Dudendorf kurz vor der Recknitzbrücke, 40 m links des Weges in einem Waldstück. Ein Hinweisschild dient hier als Orientierung. Interessant ist die Lage der beiden Anlagen auf einem terrassenförmigen Höhenzug über dem Recknitzfluss. Etwa 100 m rechts vom Weg befinden sich zwei weitere Gräber auf dem Höhenrücken in Baumgruppen verborgen.
↗ *Gnewitz*, ↗ *Vilz*

Lohmen, Lkr. Güstrow

Auf einen „Archäologischen Lehrpfad der Seeblick-Region" kann man sich entlang eines 20 km langen Rundweges, der besonders für Radfahrer attraktiv ist, begeben. Eingeweiht im September 2001 ist er Ergebnis einer durch das Landesamt für Bodendenkmalpflege und der Unteren Denkmalschutzbehörde des Landkreises Güstrow unterstützten Arbeitsbeschaffungsmaßnahme. Zwischen den Dörfern Lohmen, Klein Upahl und Lenzen kann man verschiedene bestens ausgeschilderte Denkmale von der Steinzeit bis zur industriellen Neuzeit besichtigen, so den eisenzeitlichen Steinkreis unweit des Rastplatzes „Dröger Kraug", Grenzsteine und Hügelgräber zwischen Klein Upahl und Gerdshagen und auch das Hügelgräberfeld Lohmer Stüde.

↗ *Groß Upahl*

Lonvitz, Lkr. Rügen

Neben der Bahnlinie nach Putbus liegt unweit des Bahnhofes Lonvitz ein Großsteingrab aus der Jungsteinzeit. Von den drei Decksteinen sind zwei bereits in die Kammer gerutscht. Einzelne Schälchen befinden sich sowohl auf den Deck- als auch auf den Tragsteinen.

↗ *Groß Stresow*

Mankmoos, Lkr. Nordwestmecklenburg

Einen kleineren germanischen Steinkreis aus dem 4. Jahrhundert v. Chr. kann man im Qualitzer Forst besichtigen. Er liegt direkt links an der Straße nach Qualitz am Kilometerstein 5,1 und ist an einem in der Straßenböschung steckenden Findling zu erkennen.

Nur einhundert Meter vorher führt ein Waldweg mit Parkmöglichkeit nach rechts zu einer Gruppe von drei Großsteingräbern. Das erste, ein wiederhergestelltes Hünenbett mit kleiner Grabkammer, erreicht man nach 300 m. Es liegt nur wenige Schritte links vom Waldweg. Unter dem Deckstein der Grabkammer fanden sich bei Ausgrabungen neben jungsteinzeitlichen Fragmenten auch Keramikscherben des 13. und 14. Jahrhunderts.

Die anderen beiden Grabkammern, in weniger gutem Zustand, liegen etwas entfernt beidseitig des Weges. Das rechts befindliche, stark beschädigte Grab besitzt noch einen Deckstein, der mit zahlreichen Schälchen bedeckt ist.

Mehrere hundert Meter weiter ist am Ende des Weges auf der rechten Seite ein bronzezeitliches Hügelgrab zu besichtigen. Der Qualitzer Forst besitzt noch weitere Grabanlagen verschiedener Zeitepochen.

Das Waldstück mit seinem Wechsel aus seichten Höhenrücken und dazwischen-
liegenden sumpfigen Niederungen ist einen Spaziergang unbedingt wert.
↗ *Katelbogen*

Mellenthin, Lkr. Ostvorpommern

Burgwall bei Mellenthin

Ein altslawischer Burgwall des 9. Jahrhunderts von eigenartigem Grundriss ist
im Forst bei Mellenthin auf der Insel Usedom zu finden. Eine geräumige Oberburg wird von einem recht steilen Erdwall umfasst. Dabei nutzten die Erbauer
die natürlichen Gegebenheiten gekonnt aus. Unterhalb des Burgplateaus nimmt
der Wall eine enge Schlucht in die Zange. Anscheinend befanden sich hier die
Brunnen der Burgbewohner. Gleichzeitig wird man den verdeckten Raum zum
Schutz des Viehs genutzt haben.
Zu erreichen ist die Anlage von Balm aus, indem man links im Ort der „Sand-
bergstraße" nach Dewichow folgt, nach mehreren hundert Metern ein kurzes
Waldstück passiert und am Ende desselben links in einen Fahrweg am Waldrand einbiegt. Bereits nach 300 m beginnt direkt am Weg die umwallte, anstei-
gende Schlucht. Die Burg ist ausgeschildert und liegt im Naturschutzgebiet. Sie
kann aber unter der Benutzung vorhandener Wege besucht werden.

Menzlin. Lkr. Ostvorpommern
↗ *Tipp, S. 35*

Mollenstorf, Lkr. Müritz

Drei bronzezeitliche Hügelgräber, die im 19. Jahrhundert arg durchwühlt wurden, bieten östlich von Mollenstorf einen imposanten Anblick. Die Straße nach Groß Vielen verlässt man 400 m nach dem Ortsausgang an einer markanten Rechtskurve und benutzt den geradeaus weiterführenden Feldweg nach Penzlin. Die Hügel sind ausgeschildert und liegen auf Ackerland.

Fuchsberg und Pfennigsberg sowie der auf der anderen Wegseite liegende Lindenberg sind bekannte Spukorte. Im Lindenberg sollte ehemals eine Räuberhöhle existieren, während der Pfennigsberg eine Schatzkammer sei. Eine goldene Wiege könne man hier finden und ebensolche Heiligenbilder, so erzählten die Bewohner der umliegenden Dörfer früher und mieden aus Angst vor den zwergwüchsigen Hügelbewohnern die nächtliche Passage.

↗ *Werder*

Neubrandenburg

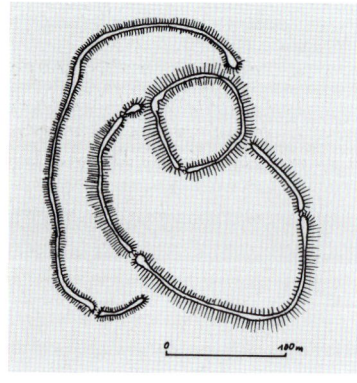

Grundriss der „Ravensburg"

Eine interessante slawische Niederungsburg namens „Ravensburg" liegt am Nordostrand der Stadt. Der Straße nach Neverin folgend, biegt kurz vor dem Ortsausgang ein breiter Sandweg nach rechts ab. An der Baracke am Waldrand kann man das Fahrzeug abstellen und die restlichen dreihundert Meter zu Fuß dem Weg folgen (Hinweisschilder). Die Burg stellt sich als dreigliedrige Wallanlage dar, die aus einer kleinen Hauptburg besteht, die wiederum von zwei Vorburgen bogenartig umschlossen wird. Die Befestigung entstammt dem 9. Jahrhundert und gehört zu den wenigen altslawischen Burgen, die man nicht auf natürlich geschützten Höhenlagen anlegte. Der Name „Ravensburg" bezieht sich fälschlich auf eine Legende, die besagt, dass der Gründer der Stadt Neubrandenburg, Ritter Herbord von Raven, im Jahr 1248 zunächst hier seinen Sitz nahm. Die archäologischen Befunde widersprechen freilich dieser Sage.

Erdwälle der „Ravensburg"

Eine seit geraumer Zeit präsentierte Ausstellung zur ostmecklenburgischen Ur- und Frühgeschichte zeigt das Regionalmuseum Neubrandenburg auf vier Etagen im mittelalterlichen Torturm des Treptower Tores. Die Präsentation vermittelt einen guten Überblick über die Stein-, Bronze- und Eisenzeit sowie die Zeit der Slawen.

Regionalmuseum Neubrandenburg
Ausstellung im Treptower Tor
Treptower Straße 38
17033 Neubrandenburg
Tel. 0395/5551273
täglich 10-17 Uhr

Neuburg, Lkr. Bad Doberan

In Neuburg beherrscht ein eindrucksvoller Wallberg aus slawischer und mittelalterlicher Zeit den Ort. Zu erreichen ist Neuburg von der Bundesstraße Wismar-Bad Doberan aus, indem man am Abzweig Steinhausen abfährt. In Neuburg liegt die Wehranlage mit mehreren recht steilen Vorwällen und modern planiertem Innenraum im Ort auf der linken Seite in einem Waldstück. Die Burg wurde offensichtlich erst nach 1160 errichtet und war bis in das 13. Jahrhundert hinein in Gebrauch.

Neu Ruthenbeck, Lkr. Parchim

Ein durchaus sehenswertes Großsteingrab, der „Teufelsbackofen", liegt unweit der kleinen Ansiedlung Neu Ruthenbeck an der B 321 zwischen Crivitz und Parchim. Man fährt von der Bundesstraße aus in den kleinen Ort hinein und läuft vom letzten Gehöft aus auf dem links gelegenen Feld zum nur zweihundert Meter entfernt am Teufelsbach befindlichen Grab. Die Anlage ist teilweise zerstört, doch bietet der gewaltige Deckstein einen imposanten Anblick. Der „Teufelsbackofen" ist ein Beispiel für mitunter unrepräsentative Standortwahl. Im Gegensatz zu den späteren bronzezeitlichen Hügelgräbern, die überwiegend auf dominierenden Höhen liegen, wählte man bei Großsteingräbern durchaus auch weniger markante Niederungslagen.

↗ *Frauenmark*

Pantlitz, Lkr. Nordvorpommern

Am Ortsrand befindet sich südwestlich der Dorfkirche auf einem Geländesporn über dem Recknitztal eine kleine, ovale Wallburg von etwa 40 m Durchmesser. Die gepflegte und sehenswerte Anlage stammt aus dem 9. Jahrhundert. Ein Walldurchbruch auf der Ostseite weist auf eine alte Toreinfahrt hin. Eine Erläuterungstafel gibt vor Ort Auskunft.

↗ *Semlow*

Passentin, Lkr. Müritz

Der bei Passentin entstehende Nachbau eines slawischen Dorfes ist ein ambitionierter Versuch, archäologische Forschungsergebnisse erlebbar zu machen. Das durch Mittel der EU geförderte Projekt ist ein Erlebnisort für Kinder, Jugendliche und Touristen, vermittelt alte Handwerkstechniken und ermöglicht sogar Übernachtungen in den nachgebauten Blockhäusern. Allerdings sind Umsetzung und pädagogische Vermittlung nicht immer frei von kritikwürdigen Vereinfachungen.

Förderverein Slawendorf Passentin e.V.
Dorfstraße 10   Tel./Fax 03962/210105
17217 Mallin   www.mueritz.de/passentin

Plaaz, Lkr. Güstrow

Ein jungsteinzeitliches Großsteingrab liegt auf freiem Feld unweit der Straße von Plaaz nach Diekhof, etwa 1,5 km nördlich des Bahnhofs. Auf dem mächtigen Deckstein sind einige Schälchen zu sehen.

Prillwitz, Lkr. Mecklenburg-Strelitz
↗ *Tipp, S. 42*

Pustow, Lkr. Demmin

Zwei kleine, bereits stark zerstörte Großsteingräber befinden sich im Schwingetal und sind aufgrund ihrer Lage einen Besuch durchaus wert. Von Pustow aus überquert man die Schwinge und hält sich auf dem befahrbaren Feldweg in südlicher Richtung nach Damerow. Kurz nach dem letzten Pustower Gehöft gelangt man durch einen Art Walldurchbruch auf der rechten Seite auf eine weite, wellige Weide mit zwei markanten Hügeln. Einer dieser beiden Grabhügel wird von größeren Steinen bekrönt.
Die Gräber haben in dieser hügeligen Landschaft einen eigenartigen und märchenhaften Reiz. Sie sind Teil einer größeren Gruppe von Großsteingräbern in der Umgebung von Pustow, ↗ *Damerow* und ↗ *Sassen*.

Putgarten, Lkr. Rügen
↗ *Archäologische Wanderungen 1, S. 86*

Quadenschönfeld, Lkr. Mecklenburg-Strelitz

Der Durchbruch im slawischen Befestigungswall bei Quadenschönfeld, Lkr. Mecklenburg-Strelitz, bezeichnet die Stelle eines alten Tores

In der Nähe von Quadenschönfeld findet man in einem Naturschutzgebiet eine große altslawische Burganlage des 9. Jahrhunderts auf einem gut geschützten Plateau. Man erreicht das Bodendenkmal von der Bundesstraße Neustrelitz-Woldegk aus, indem man kurz vor Stolpe links nach Quadenschönfeld einbiegt und diese Straße gut 1 km vor dem Ort verlässt. Dem hier rechts abbiegenden Feld-Fahrweg folgt man ein gutes Stück bis in den Wald hinein und an einer alten Kiesgrube vorbei. Der am Ende immer schlechter zu fahrende Weg wird bei Erreichung eines verlandeten Sees, an dem auch der Damm einer ehemaligen Bahnlinie den See passiert, verlassen und linker Hand der Hang erklommen.
Die Burg liegt auf einem breiten Geländesporn, der auf drei Seiten durch das Seetal bzw. durch die für mecklenburgische Verhältnisse erstaunlich tiefe Schlucht eines Baches begrenzt wird. Lediglich die nach Westen gerichtete Seite ist nicht von derartig günstiger Beschaffenheit. Hier errichtete man daher eine zweite Befestigungslinie in Form eines Erdwalles.

Quitzenow, Lkr. Güstrow

Ein acht Meter hoher bronzezeitlicher Grabhügel am Weg nach Neu Quitzenow prägt auf einer Anhöhe über der Trebelniederung die Landschaft. Daneben liegen die Reste eines zerstörten Hügels.

Ralswiek, Lkr. Rügen

Eine ausgedehnte slawisch-wikingische Handelssiedlung des 8. bis 10. Jahrhunderts wurde in den letzten Jahrzehnten im Ortsbereich von Ralswiek archäologisch untersucht. Dabei fand man 1973 einen unter einer Feuerstelle versteckten großen Silberschatz, bestehend aus 400 vollständigen arabischen Dirhems und persischen Drachmen des 9. Jahrhunderts. Hinzu kamen über 2000 Münzbruchstücke. Da die Slawen keine Münzwährung verwendeten sondern einzig das Gewicht der Edelmetalle Bedeutung hatte, schreckte man vor der Zerkleinerung von Münzen und auch Schmuck nicht zurück.
Im sumpfigen Mündungsgebiet des Jägerbaches in der Nähe des heutigen Hafens konnte eine Art Kultstrand nachgewiesen werden. Hier stand ein tempelartiges Gebäude in dessen Umgebung Feuer entzündet sowie Tier- und Menschenopfer dargebracht wurden. Unweit fanden sich als archäologische Sensation auch die Reste von vier bis zu 14 m langen geklinkerten Kielbooten, die nun der Öffentlichkeit im Museum für Unterwasserarchäologie ↗ *Saßnitz* zugänglich gemacht werden. Zwei Nachbauten der Ralswieker Boote sind im Freilichtmuseum ↗ *Groß Raden* zu besichtigen.
Oberflächlich sichtbar sind die Überreste der alten Handelssiedlung nicht. Einzig der Bestattungsplatz der damaligen Bewohner bietet Sehenswertes. Links der Straße nach Bergen, unmittelbar hinter dem Ortsausgang liegen im bergigen Forst die „Schwarzen Berge" mit mehr als 400 slawenzeitlichen Hügelgräbern. Ein Teil ist ausgegraben und in einen denkmalwürdigen Zustand versetzt worden.

Rerik, Lkr. Bad Doberan
↗ *Archäologische Wanderungen 3, S. 89*

Rothemühl, Lkr. Uecker-Randow

*Verteidigungsanlagen des „Schanzenbergs"
bei Rothemühl*

Die größte slawische Burganlage des Bundeslandes findet man von Strasburg aus in Richtung Rothemühl nur einige hundert Meter nach dem Abzweig Rosenthal. Ausgehend von der zu Füßen des „Schanzenberges" liegenden Gaststätte „Burgwall" mit Parkplatz und Informationstafeln erklimmt man die allseits von natürlichen Steilhängen umgebene Befestigung. Der stark hügelige Innenraum wird von einem nicht allzu hohen Erdwall mit dahinter liegendem Erdentnahmegraben und vorgelagertem Verteidigungsgraben umgeben. Im Osten und merkwürdigerweise nahezu am tiefsten Punkt der gesamten Anlage befindet sich innerhalb einer zweiten Umwallung sogar eine von einem dritten Wall umschlossene kleine Hauptburg. Burgen dieser Weiträumigkeit sind typisch für die Zeit des 9. Jahrhunderts. Gegen ein plötzlich angreifendes Reiterheer boten sie sicher ausreichenden Schutz. Einer langwierigen Belagerung konnten Burgen mit einer derartig großen Angriffsfläche jedoch kaum standhalten. Offenbar wohnten hier mehrere hundert Menschen, wohl ein ganzer Kleinstamm, innerhalb des schützenden Walles (↗ *Feldberg,* ↗ *Groß Görnow*).

Der Besuch ist eigentlich nur im Winterhalbjahr empfehlenswert. Die Wege sind teilweise mit Gestrüpp zugewachsen, Teile der Anlage stehen unter Naturschutz. So ist auch die Hauptburg (von der Gaststätte kommend, liegt sie nach Erklimmen des Burgplateaus auf der rechten Seite) mehr schlecht als recht besuchbar. Gleichwohl hat man von den höchsten Stellen der ersten Vorburg einen wunderbaren Ausblick nach Norden.

Sagard, Lkr. Rügen

Das mit 12 m Höhe größte bronzezeitliche Hügelgrab des Bundeslandes steht rechts der Straße von Stralsund nach Saßnitz in Höhe des Abzweiges nach Sagard. Der markante Hügel ist von der Straße aus sehr gut sichtbar. Der „Dobberworth" genannte Hügel soll der Sage nach von Unterirdischen, von Zwergen, bewohnt gewesen sein. Als einst ein Gutsbesitzer versuchte den Berg abfahren zu lassen, stellten unerwartete Missgeschicke das Unterfangen in Frage. Schließlich soll eine warnende Stimme aus dem Hügelinneren den Auftraggeber von seinem Tun abgehalten haben.

Sassen, Lkr. Demmin

Eingestürzte Steinkammer im Poggendorfer Forst, Lkr. Nordvorpommern

Auf den Feldmarken von Sassen und seinen Nachbargemeinden befinden sich über 40 Großsteingräber zu denen vor 150 Jahren noch weitere 23 gehörten. 1968 und 1969 hat das Museum für Ur- und Frühgeschichte Schwerin, das heutige Archäologische Landesmuseum, ein Drittel dieser Anlagen ausgegraben. Dabei entdeckte man einen bislang unbekannten Grabtyp, den Großdolmen mit Vorraum, der anscheinend typisch für die Landschaft des Schwingetales ist. Eine Gruppe von fünf Anlagen liegt auf dem Feld unter Bäumen verborgen direkt an der Schwinge südöstlich vom Ort. Diese Gräber sind jedoch nur durch eine längere Feldbegehung erreichbar.

Lohnenswerter und leichter zu finden sind zwei Gräber im Poggendorfer Forst (bereits im Landkreis Nordvorpommern) nordwestlich von Sassen. Man nimmt die gut befahrbare Feldstraße nach Schmietkow, geht vom Waldrand aus den Hauptweg nur etwa 60 m weiter und biegt dort links in einen Weg ein. Nach etwa 100 m ist rechts in der Nähe einer gewaltigen Buche die große Steinkammer zu sehen. Die Decksteine sind offenbar bereits vor langer Zeit in das Grab gerutscht. Der nordöstliche steht fast senkrecht in der Kammer und besitzt auf seiner oberen Kante einige Schälchen.

Geht man zum Hauptweg zurück und folgt diesem bis zum jenseitigen Ende des Forstes, kann man linker Hand am Waldrand eines der eindrucksvollsten Monumente der pommerschen Vorzeit besichtigen. In einem trapezförmigen 28 m langen Hünenbett befindet sich eine mächtige Steinkammer, von der allerdings zwei Decksteine fehlen. Die Grabkammer ist mit 2,2 m erstaunlich breit und gehört mit ihrer Länge von insgesamt zehn Metern zu den größten Anlagen in Mecklenburg-Vorpommern. Exemplarisch kann man hier noch das Trockenmauerwerk aus flach geschichteten Sandsteinplatten bewundern, welches die Lücken zwischen den Wandsteinen ausfüllt. Bei den Ausgrabungen kamen große Mengen von Keramik und Steingeräten zutage. Diese stammen aus dem jüngeren Mittelneolithikum und wurden von Trägern der Trichterbecher- und Kugelamphorenkultur nach Herausschaffung der älteren Primärbestattungen eingebracht. Das Inventar eines der Grabanlagen ist ausgestellt im Heimatmuseum Grimmen.

↗ *Damerow*, ↗ *Pustow*

Heimatmuseum Grimmen
Mühlenstraße 9a Tel. 038326/2261
18501 Grimmen Di-Do, So 14-17 Uhr

Saßnitz, Lkr. Rügen

Das seit Ende 1998 existierende Museum für Unterwasserarchäologie im ehemaligen Fährterminal bietet auf zwei Etagen eine Ausstellung zu vorgeschichtlichen Plätzen an der Ostsee und den Binnenseen sowie natürlich zu den spektakulären Wrackfunden der letzten Jahrzehnte. Das noch im Ausbau befindliche Museum zeigt das erst vor wenigen Jahren geborgene „Gellenwrack", eine im 14. Jahrhundert bei Hiddensee gesunkene Kogge. Seit Herbst 2001 werden Überreste der slawischen Boote aus ↗ *Ralswiek* schrittweise zusammengefügt und der Öffentlichkeit vorgestellt.

Museum für Unterwasserarchäologie Mecklenburg-Vorpommern
des Archäologischen Landesmuseums Mecklenburg-Vorpommern
Alter Fährhafen
18546 Sassnitz Di-So 10-18 Uhr
Tel. 038392/32300 im Winterhalbjahr 10-17 Uhr
www.museum-mv.de/unterwasserarchaeologie

Schimm, Lkr. Nordwestmecklenburg

Südlich von Schimm steht an der Landstraße Wismar-Ventschow beim Kilometerstein 0,8 ein gut erhaltener stelenförmiger Sühnestein aus Kalkstein. Die lateinische Inschrift lautet übersetzt: „Im Jahre des Herrn 1409 am Trinitastag (2. Juni) starb Herr Nicolaus Vinke, Bürgermeister der Stadt Wismar. Betet für ihn."

Schwerin

Ein befestigter slawischer Fürstensitz befand sich auf der „Schlossinsel". An der Stelle des heutigen Schlosses stand bereits in slawischer Zeit eine Burganlage, die nach der Besetzung des Landes durch Heinrich den Löwen im Jahr 1160 wichtige administrative Funktionen als Grafensitz neben der entstehenden Stadt mit seinem Bischofssitz übernahm. Der Name Schwerins geht auf die damalige slawische Bezeichnung dieser Burg zurück: „Szuarin", was soviel wie „Tiergarten" bedeutet. In den neunziger Jahren des 20. Jahrhunderts fanden an den Fundamenten des Schlosses archäologische Untersuchungen statt, die unter anderem zur Aufdeckung intakter Holzkonstruktionen des aus slawischer Zeit stammenden Befestigungswalles führten.

Semlow, Lkr. Nordvorpommern

Zwei gut gepflegte Großdolmen liegen am Ortsrand von Semlow. Einer befindet sich nördlich des Gutsparks in einer Baumgruppe und ist umgeben von einem Hünenbett. Man findet ihn, wenn man von der Ortsmitte aus Richtung Marlow fährt, links hinter dem letzten Haus und am Beginn einer Kleingartenanlage in einen Weg einbiegt und diesem bis zum Dolmen folgt. Der Weg ist mit einem Hinweisschild versehen. Ein weiteres Großsteingrab liegt westlich des ersten auf der gegenüberliegenden Seite einer feuchten Niederung, die man am besten links durch den Gutspark umgeht.
↗ *Pantlitz*

Söhring, Lkr. Nordwestmecklenburg

Zwei bronzezeitliche Hügelgräber mit alten Buchen liegen 800 m östlich des Ortes am Weg von Perlin nach Söhring.

Sommersdorf, Lkr. Uecker-Randow

Eine knapp 2 m hohe Mordwange aus gotländischem Muschelkalk steht vor der Kirchhofsmauer an der Dorfstraße. Den Kopf des Sühnesteines bildet ein griechisches Kreuz auf dem ein Kruzifix zu sehen ist. In den oberen Ecken findet sich je ein Wappenschild des Adelsgeschlechts Ramin. Die vierzeilige gotische Schrift im mittleren Teil, übersetzt: „Im Jahre 1423 wurde Hinrich von Ramin von Landleuten in Wartin erschlagen", gibt Auskunft über den historischen Hintergrund. An der Dorfstraße liegt zudem ein Schälchenstein.

In der Nachbargemeinde Penkun gibt es den Nachbau einer hochmittelalterlichen Siedlung zu besichtigen. Das im Rahmen einer staatlichen Arbeitsbeschaffungsmaßname realisierte Vorhaben wurde nicht an originaler Fundstelle errichtet und verzichtet auf experimentelle Archäologie. Es richtet sich mit seinen Angeboten vorwiegend an Schulklassen. Interessanter ist das im Penkuner Schloss untergebrachte Heimatmuseum mit einer lohnenswerten Ausstellung zu archäologischen und volkskundlichen Themen.

Freilichtmuseum Penkun – Frühdeutsche Siedlung
Tourismusinformation   April Oktober
Tel. 039751/60605 oder 60209   Mo-Fr 10-16 Uhr, Sa u. So 10-12 Uhr

Schloss-Museum Penkun
Tel. 039751/69830 oder 60333   Di-Fr 10-12, 13-15 Uhr, Sa u. So 14-16 Uhr
www.museum-penkun.de   (außer Mai-September 10 -12, 13-17 Uhr)

Sparow, Lkr. Müritz

Ein jungsteinzeitliches Großsteingrab liegt auf den Uferhöhen am Drewitzer See. Auf der Straße von Alt Schwerin kommend, biegt man direkt am Ortseingang Sparow am Wegweiser „Zum Parkplatz" links ab und gelangt nach wenigen hundert Metern zu dem am Drewitzer See gelegenen Parkplatz. Nun verfolgt man zu Fuß den an der Platzeinfahrt rechts in den Wald führenden Weg parallel zum See an einer Badestelle vorbei. Nach etwa 800 m liegt das teilweise zerstörte Grab rechts neben dem Weg. Die beiden noch vorhandenen Decksteine sind von erstaunlichen Dimensionen; der größere weist auf seinem obersten Grat einige Schälchen auf.

Steinhagen, Lkr. Nordwestmecklenburg

Bronzezeitliche Grabhügel befinden sich beiderseits des alten Weges nach Bäbelin. Die dreizehn Hügel stehen meist einzeln unter Baumgruppen und bilden ein eindrucksvolles Ensemble innerhalb der hier unberührt erscheinenden Landschaft.

Stralendorf, Lkr. Ludwigslust

Das längste Hünenbett des Bundeslandes, bestehend aus zwei parallel zueinander verlaufenden Steinreihen, findet man am Ortsrand von Stralendorf. Das 120 m lange Hünenbett beginnt mit recht großen Findlingen an seiner Ostseite und läuft schließlich in immer kleiner werdenden Steinen aus. Innerhalb des Hünenbettes fanden sich neben steinzeitlichen Grabresten auch Hinterlassenschaften aus germanischer Zeit. Das Grab erreicht man von der Dorfstraße aus, indem man kurz vor dem südlichen Ortsausgang rechts in die letzte abzweigende Querstraße einbiegt und diese Straße bis zum Ende weiterverfolgt. Am Dorfrand gegenüber einer Schnitterkate aus dem 19. Jahrhundert liegt schließlich direkt neben der Straße das markante Hünenbett.

Hünenbett in Stralendorf

Stuer, Lkr. Müritz

Großdolmen von Stuer

Vom eigenartigen Zugangsweg sollte man sich beim Besuch des „Galgenhügels" am bewaldeten Westrand von Stuer nicht abhalten lassen. Fährt man von der Ortsmitte Stuer über den Gleisübergang zur direkt anschließenden Ortschaft Neu Stuer, so findet sich gleich rechts hinter Garagen und Kleingärten ein von einem trapezförmigen Hünenbett umgebener Großdolmen.
Ein Schild weist bereits an der Straße darauf hin. Ist man einmal in Stuer, so sollte man unbedingt die romantischen Ruinen der mittelalterlichen Burg Stuer, nördlich des Dorfes Stuer Vorwerk auf einer Erhebung im Sumpf gelegen, besuchen. Diese Anlage war Stammsitz der Adelsfamilie Flotow und gehört zu den schönsten ihrer Art in Mecklenburg.

Stubbenkammer, Lkr. Rügen

Ein bronzezeitliches Hügelgrab liegt in den Kreideklippen über der Ostsee. Der kostenpflichtige Zugang zur Aussichtsplattform Stubbenkammer führt direkt über den Grabhügel hinweg. Der bekannte Herthasee in der Nähe von Stubbenkammer besitzt an seinem Ostufer eine slawische Burganlage des 11./12. Jahrhunderts. Die gut erhaltenen Erdwälle sind erstaunlich steil und vermitteln eine Vorstellung von der Wehrhaftigkeit solcher Anlagen. See und Burg sind im frühen 19. Jahrhundert fälschlich als Orte des germanischen Nerthus- oder Herthakultes bezeichnet worden.

Die in der Nähe am Weg zur Stubbenkammer liegenden „Opfersteine" mit ihren merkwürdigen Rinnen und Vertiefungen sind erst in den dreißiger Jahren des 19. Jahrhunderts von einem Mann aus Nipmerow an diese Stelle gebracht worden: wie es hieß, um den Fremden etwas zeigen zu können.

Teterow, Lkr. Güstrow

Der slawische Burgwall auf der „Burgwallinsel" im Teterower See nördlich der Stadt ist ein beliebtes Ausflugsziel. Die Insel mit der Gaststätte „Wendenkrug" ist mit der Personenfähre gut erreichbar.

Ausgrabungen Anfang der fünfziger Jahre legten nicht nur die Reste der alten Brückenverbindung an der heutigen Fährstelle frei, sondern auch die ausgezeichnet erhaltenen Überbleibsel einer mehr als 700 m langen Holzbrücke zum südlichen Seeufer. Diese Brücke hatte man im Laufe der Zeit mehrfach neu aufgebaut. Zunächst knapp drei Meter breit hatte man sie schließlich auf respektable vier Meter erweitert. Die Burg besteht aus einer kleinen Haupt- und einer Vorburg. Deren Erdwälle sind noch heute gut erkennbar. Die Anlage war vom 9. bis zum 12. Jahrhundert in Gebrauch und zweifellos ein Hauptort des hier ansässigen slawischen Volksstammes der Zirzipaner.

Torgelow, Lkr. Uecker-Randow

Ein archäologisches Vermittlungsprojekt entsteht mit dem „Ukranenland" am südöstlichen Stadtrand von Torgelow. Die Rekonstruktion verschiedener Haustypen aus der Zeit des slawischen Stammes der Ukranen ist bei aller vereinfachenden Umsetzung sehenswert. Auf regionale Kinder- und Jugendarbeit ausgerichtet ist die Vorführung von Bronzeguss, Töpferei und Schmiedekunst. Ein nachgebautes Slawenschiff „Svarog" liegt im Hafen an der Uecker. Beachtung verdient der gut gemachte, wenn auch nicht immer sachliche Internetauftritt.

Ukranenland. Historische Werkstätten Torgelow
Borkenstraße   täglich ab 10 Uhr
17358 Torgelow   www.torgelow.de/ukran
Tel. 03976/202397   www.privat.schlund.de/U/Ukranenland

Vilz, Lkr. Bad Doberan

Ein Großsteingrab findet man in der Ortslage Vilz. Die Anlage befindet sich
direkt neben der Straße auf einem kleinen Hügel. Richtung Tessin fahrend sieht
man ihn 150 m nach dem Ortseingang auf der rechten Seite.
↗ *Liepen*

Waren, Lkr. Müritz

Am Rande Warens liegt auf einer Insel im Feißnecksee ein slawischer Burgwall.
Ihn erreicht man schwimmend von der 200 m entfernten Badestelle am Ostufer
des Sees. Die Befestigung ist allerdings auch vom Festland aus erkennbar.
Im Müritz-Museum ist eine umfangreiche naturhistorische Ausstellung zu
sehen, die auch die Umgestaltung der Naturlandschaft in ur- und frühgeschichtlicher Zeit behandelt.

Müritz-Museum Waren
Naturhistorisches Landesmuseum   Mai-September
für Mecklenburg-Vorpommern   Di-Fr 9-18 Uhr, Sa u. So 9-12, 14-17 Uhr
Friedenstraße 5   Oktober-April
17192 Waren   Di-Fr 10-16. Uhr, Sa u. So 10-12, 14-16 Uhr
Tel. 03991/667600   www.mueritz.de/mueritzmuseum

Werder, Lkr. Müritz

Auf der Ostseite des Großen Stadtsees südlich von Penzlin liegt auf einer Halb-
insel ein gut erhaltener spätslawischer Burgwall, den man bis in das deutsche
Mittelalter hinein benutzte. Das „Englischer Garten" genannte Gelände war
Anfang des 19. Jahrhunderts Teil einer Parklandschaft der Familie von Malt-
zahn, die an dieser Stelle auch einen phantasievoll gestalteten „wendischen"
Radegast-Götzen errichten ließ. Leider ist das Gelände durch Barackenruinen
stellenweise unansehnlich. Der mit dem Auto befahrbare Zugangsweg ist am
Fahrweg von Penzlin nach Prillwitz beschildert.
↗ *Mollenstorf*

Werder, Lkr. Rügen

Ein so genannter Opferstein liegt neben der Försterei Werder in der Stubnitz bei Stubbenkammer. Der Findling wird von zahlreichen Schälchen, die wohl in der Bronzezeit angebracht wurden, bedeckt.

Werle, Lkr. Güstrow

Auch von der Warnow aus ist „Werle" zu erreichen

Die landesgeschichtlich bedeutende Burganlage stammt aus dem 11. und 12. Jahrhundert. Sie wurde urkundlich erstmals 1129 erwähnt. Die auf einer ehemaligen Insel an der Warnow gelegene Burg spielte in den Abwehrkämpfen gegen den Sachsenherzog Heinrich den Löwen eine entscheidende Rolle. Im Jahre 1160 zog sich der Obodritenfürst Niklot vor der sächsischen Heeresmacht in das mecklenburgische Landesinnere zurück, ließ die großen Burgen von Mecklenburg, Schwerin und Dobin niederbrennen und konzentrierte seine Streitkräfte in Werle. Niklot geriet bei einem Ausfall in der Nähe der Burg in einen feindlichen Hinterhalt und kam im Kampf ums Leben. Seine beiden Söhne brachen daraufhin die Verteidigung der Burg ab und übergaben sie an die Belagerer.

Die Anlage erreicht man vom heutigen Dorf Werle aus, indem man am Ortsausgang Richtung Schwaan hinter dem kreuzenden Bahnübergang links in den Feldweg einbiegt und diesen etwa 500 m parallel zur Bahnlinie zurückfährt. Hier biegt der Weg rechts in das Niederungsgebiet ab und führt nach 350 m halbbogenförmig links um die Burg herum. Die aus einer kleinen Haupt- und einer weiten Vorburg bestehende Anlage ist trotz der ackerbaulichen Tätigkeit früherer Jahrzehnte immer noch sichtbar. Allerdings heben sich die ehemaligen Erdwälle kaum von der Umgebung ab. Die Burg ist aufgrund ihrer reizvollen Lage an der Warnow auch mit dem Paddelboot zu erreichen. Ein Bootsrastplatz liegt am gegenüberliegenden Ufer.

Wildberg, Lkr. Demmin

Am Kastorfer See befinden sich in einer einmaligen Situation gleich drei zeitlich aufeinander folgende slawische Burganlagen auf engstem Raum. Zwei Burgen liegen auf gegenüberliegenden Festlandufern, eine dritte findet sich unweit

Die Insel im Kastorfer See

davon auf einer Insel. Obwohl alle Burganlagen nur wenige hundert Meter auseinander liegen, ist eine gleichzeitige Besichtigung schwierig. Im Sommer kann man sich zwar schwimmend behelfen, steht dann jedoch den Brennnesseln auf der Insel hilflos gegenüber. Am günstigsten ist ein Winter mit langer Frostperiode und dick gefrorenem und begehbarem Eis. Allerdings ist dieser Weg nicht ganz ungefährlich.

Von Wildberg aus fährt man die an der Kirche beginnende „Seestraße" bis wenige hundert Meter außerhalb des Dorfes entlang, um hier auf einen links einsetzenden Feldweg zu wechseln. Zu Fuß oder mit dem Rad erreicht man schließlich die Wildberger Badestelle, von der aus es nur noch ein kurzes Stück bis zu der rechter Hand liegenden Landzunge ist. Hier, über dem Steilufer, ist zunächst die von einem steilen Wall umgebende Hauptburg zu sehen, deren Innenraum von jungen Tannen tief beschattet wird. Nördlich und östlich der Hauptburg sind zwei weitere Erdwälle bogenförmig angelegt und umfassen somit zwei Vorburgen. Die gesamte Anlage gehört zu den typischen großräumigen Volksburgen des 9. Jahrhunderts.

Gegenüber dieser älteren Burg befindet sich in Seemitte eine kleine spätslawische Inselburg aus dem 11. und 12. Jahrhundert. Die Erdwälle sind jedoch aufgrund des Ackerbaus in späterer Zeit stark verformt. In den achtziger Jahren des 20. Jahrhunderts von dem Neubrandenburger Archäologen Dr. V. Schmidt durchgeführte Ausgrabungen belegen Fernhandelskontakte der einstigen Bewohner.

Auf der gegenüberliegenden Seeseite liegt neben dem Kastorfer Badestrand eine dritte slawische Befestigung. Hierher gelangt man zweckmäßigerweise von Kastorf aus, indem man im Dorf dem „Fischerweg", einem Betonplattenweg, bis zum Ende folgt. Der direkt hinter dem Strand aufragende Burghügel aus dem 10. Jahrhundert ist auf seinem Plateau modern planiert und bebaut.

Witzin, Lkr. Parchim

Die „Hohe Nonne" ist ein bronzezeitlicher Grabhügel im Witziner Forst. Den länglichen Hügel erreicht man von der Straße Sternberg-Güstrow aus, indem man den Abzweig nach Mustin nimmt und diese Straße etwa 400 m weit fährt. Am Beginn eines kleinen Feldes auf der rechten Seite geht man links in den Waldweg hinein und steht nach wenigen Metern direkt vor dem Hügel. Die Anlage ist Schauplatz von Riesen- und Zwergensagen, daher auch der Name: „Nonus" ist lateinisch und bedeutet „Zwerg".
↗ *Boitin*

Wustrow, Lkr. Mecklenburg-Strelitz

Eine Inselsiedlung des 7. bis 13. Jahrhunderts befand sich auf der lang gestreckten Fischerinsel. Ausgrabungen förderten hier neben Resten einer Brücke und einer hölzernen Befestigung auch eine zweiköpfige Götterstele zutage. Die Insel war einst bedeutend größer. Der Neubrandenburger Mühlenstau bewirkte im Verlauf des 13. Jahrhunderts eine Hebung des Wasserspiegels von über 1,5 m und damit eine Überflutung weiter Inselbereiche. Das Betreten der Insel ist aufgrund des Naturschutzes untersagt. Ohnehin sind oberflächlich keine Reste aus slawischer Zeit vorhanden. Die Vorbeifahrt mit dem Ausflugsschiff zwischen Neubrandenburg und Nonnenhof/Prillwitz muss daher ausreichen.
Hoch über Wustrow befindet sich auf einem Höhenrücken ein weit sichtbares Hügelgrab, welches im 19. Jahrhundert mit so genannten Friedenslinden bepflanzt wurde. Ein beschilderter Weg führt seit kurzem von Wustrow aus hinauf.
↗ *Tipp, S. 42*

Die Steinkammer an der „Schamper Mühle"

Zierzow, Lkr. Müritz

Unweit der Gaststätte „Schamper Mühle" an der Chaussee nach Waren, nördlich von Röbel, kann man ein kleines, sehenswertes Großsteingrab besichtigen. Der kurze Feldweg führt direkt an der alten Windmühle und an einem Bruchwäldchen vorbei. Dahinter ist bereits das Grab rechts auf der Anhöhe unter Buschwerk erkennbar. Einer der beiden Decksteine des Dolmens ist im 19. Jahrhundert dem Straßenbau zum Opfer gefallen.

Zislow, Lkr. Müritz

Eine ungewöhnliche slawische Burganlage des 9. Jahrhunderts mit einer hoch gelegenen Oberburg und einer südlich vorgelagerten Vorburg ist bei Zislow zu besichtigen. Die Anlage befindet sich auf einem markanten spornförmigen Höhenzug am Westufer des Großen Pätschsees.

Von Adamshoffnung kommend passiert man kurz vor Zislow ein ausgeschildertes und nach einer Ausgrabung wiederhergestelltes Hügelgrab mit Steinkreis und kurz darauf einen Schälchenstein direkt neben der Straße. An der Straßenkreuzung vor Zislow biegt man rechts in den asphaltierten Fahrweg am Wegweiser „Naturcamping" ein, folgt diesem etwa 300 m bis zum Beginn einer weiten Linkskurve. Hier geht es per pedes geradeaus auf einem Waldweg weiter und nach kurzer Zeit steil bergan. Zunächst kreuzt man den Erdwall der Vorburg, wenige Meter weiter durchstößt der Weg jedoch den markanten Hauptwall. An dieser Stelle und auch hinter dem Wall bieten steile Hänge dem Burgplateau natürlichen Schutz.

Archäologische Wanderungen

1. Küstenwanderung am Kap Arkona , Lkr. Rügen

Die slawische „Jaromarsburg" auf der Nordspitze der Insel Rügen gehört zu den meistbesuchten archäologischen Denkmalen des Landes. In atemberaubender Lage auf einem Lehm-Kalk-Kliff hoch über der Ostsee gelegen, war die Burg von drei Seiten bestens geschützt und musste nur durch einen Erdwall gegen das Hochplateau abgeriegelt werden. Da der Küstenabbruch im Laufe der Jahrhunderte bereits über die Hälfte des ehemaligen Burgraumes abgetragen hat, sind heute nur noch Teile des gewaltigen Erdwalles vorhanden.

Den bereits von weitem gut erkennbaren Wall erreicht man von Putgarten aus. Der Ortsname ist slawischen Ursprungs und bedeutet „vor der Burg gelegene Siedlung". Die Anfahrt zum Parkplatz ist bestens ausgeschildert und eigentlich muss man nur den meist zahlreichen Touristen folgen.

Die Anlage ist bereits im 8. Jahrhundert errichtet worden und war Ort des bedeutenden Svantevit-Kultes. Zu Ehren dieses vierköpfigen Gottes stand innerhalb eines Tempels ein großes Holzstandbild. Arkona entwickelte sich im 12. Jahrhundert zum bedeutendsten Opfer- und Orakelplatz der Ostseeslawen. Aufgrund der extremen Witterungsbedingungen auf dem Kliff war die Burg selbst nicht dauerhaft bewohnt.

Die Dänen erzwangen im Jahr 1168 die Übergabe der „Jaromarsburg" unter glücklichen Umständen, zerstörten den Tempel und errichteten hier das erste christliche Gotteshaus auf Rügen. Mehrere Ausgrabungen, zuletzt in den neunziger Jahren des letzten Jahrhunderts, unternahmen weitgehend erfolglos den Versuch, Reste des Tempels zu lokalisieren. Sie erbrachten jedoch den Nachweis eines zunächst vorhandenen und noch in slawischer Zeit wieder eingeebneten zweiten Abschnittswalles im Innenbereich der Anlage.

Nach einer Besichtigung der „Jaromarsburg" bietet sich ein Spaziergang zu dem kleinen Fischerdorf Vitt an, das eingezwängt in einer Hochufer-Schlucht südlich Arkonas liegt. Die oberhalb des Steilufers befindliche Kapelle vom Anfang des 19. Jahrhunderts wird Ihnen den Weg nach Vitt weisen. Am Strand angelangt können Sie die gewaltigen Abbrüche von Kap Arkona aus der Nähe betrachten. Lohnend und dabei nicht ungefährlich ist eine Strandwanderung unterhalb des Kliffs. Wer die Augen nicht nur zu den drohenden Steilabbrüchen über seinem

Kopf wendet kann durchaus den einen oder anderen versteinerten „Donnerkeil" zu seinen Füßen entdecken.

Zurück an der Vitter Kapelle folgen Sie nun dem Weg oberhalb des Steilufers. Nach etwa 30 Minuten finden Sie direkt rechts des Weges den „Riesenberg", ein aus großen Findlingen gebildetes trapezförmiges jungsteinzeitliches Hünenbett mit zwei mächtigen Wächtersteinen. Innerhalb des Hünenbettes wurden in den sechziger Jahren des 20. Jahrhunderts zwei kleine Grabkammern freigelegt. Zwischen den Wächtersteinen stieß man zudem auf viel jüngere Siedlungsspuren aus der Slawenzeit.

In der Umgebung des Hünenbettes existierten ursprünglich weitere Grabanlagen. Sie fielen im 19. Jahrhundert dem Straßenbau zum Opfer. Zurück nach Vitt führt Sie der bereits genutzte Hochuferweg oder auch, und das ist anstrengender, der Strandweg.

Bei der Hin- oder Rückfahrt nach Putgarten sollten Sie einen kleinen Zwischenstopp in Altenkirchen einlegen. Die dortige Kirche gehört zu den ältesten Gotteshäusern Rügens. Im südlichen Chornebenraum befindet sich liegend eingemauert ein slawischer Reliefstein mit der Darstellung eines heidnischen Priesters mit Trinkhorn.

2. Zu den Hünenbetten im Naschendorfer Forst bei Grevesmühlen, Lkr. Nordwestmecklenburg

Der „Teufelsbackofen"

Ein bedeutender jungsteinzeitlicher Gräberkomplex hat sich im Everstorfer Forst erhalten. Um zur so genannten Nordgruppe zu kommen folgt man der Straße von Wismar nach Grevesmühlen bis fast zum Ende des Forstes und biegt am Abzweig Hamberge/Hoikendorf rechts ab. Auf halbem Weg ist links neben der Straße, am Abzweig nach Hoikendorf, eine Mordwange zu sehen, ein über 2 m hoher stelenartiger Sühnestein für den hier im Jahr 1391 ermordeten Ludeke Mozellenburch aus Wismar.

Die Großsteingräber der Nordgruppe befinden sich am Ende des Waldes rechts der Straße und sind hervorragend ausgeschildert. Ein kurzer Forstweg verbindet alle zehn Gräber, die zu den ältesten Großsteingräbern Mecklenburgs gehören. Die dicht beieinander liegenden Anlagen mit ihren weitläufigen Hünenbetten vermitteln die Ruhe und Unberührtheit eines jahrtausendealten Grabplatzes. 1966 und 1967 untersuchten die Archäologen A. Hollnagel und Prof. E. Schuldt die acht Urdolmen und zwei erweiterte Dolmen. Dabei konnte die Entwicklung von der massiven Steinkammer ohne Einstiegsmöglichkeit über den Dolmen mit herausnehmbarer „Türplatte" hin zum Dolmen mit kurzem Gang eindrucksvoll belegt werden.

Eine zweite Großsteingrab-Gruppe, die Südgruppe, liegt direkt an der Straße Wismar-Gre-

Eines der Hünenbetten im Nordteil des Everstorfer Forstes

vesmühlen. Von der Nordgruppe aus folgt man der Straße Richtung Barendorf und nach Passage dieses Dorfes weiter dem nach Süden führenden Fahrweg. Kurz vor dem Forst ist links auf dem Feld ein bronzezeitliches Hügelgrab zu sehen. An der Einmündung des Weges auf die Bundesstraße von Wismar nach Grevesmühlen findet sich ein bewirtschafteter Parkplatz, den man natürlich auch direkt von der Bundesstraße aus erreichen kann. Auf beiden Seiten der Straße finden sich hier verstreut im Wald einzelne Gräber von unterschiedlichsten Erhaltungsgraden. Sämtliche Anlagen sind sehr gut ausgeschildert. Außer einem Urdolmen und einem erweiterten Dolmen finden sich hier durchweg jüngere Grabanlagen als in der Nordgruppe, so ein Großdolmen und zwei Ganggräber. Direkt gegenüber vom Parkplatz und auf der anderen Straßenseite liegt schräg rechts, nur wenige Meter entfernt, das größte jungsteinzeitliche Grab Mecklenburg-Vorpommerns, der „Riesenberg". Ein gewaltiges Hünenbett aus bis zu mannshohen Felsblöcken umgibt ein stattliches Ganggrab. Dem ausgeschildertem Weg folgend gelangt man zu einer Zweiergruppe.

Ein kleines Grab mit dachförmigem Deckstein, der „Teufelsbackofen", ist von einem Steinkreis umgeben. Die ältere der beiden Anlagen ist jedoch ein langes rechteckiges Hünenbett mit einer kleinen Grabkammer; der Deckstein fehlt hier. Beide Gräber sind sagenumwoben.

Die mächtigen Einfassungssteine des „Riesenbergs"
in der Südgruppe

3. Großsteingräber mit Meerblick.
Auf dem Buk bei Rerik, Lkr. Bad Doberan

Hünenbett mit Zugang zum Großdolmen bei Rerik

Mehrere sehenswerte Bodendenkmale befinden sich in der Umgebung von Rerik. Bereits bei der Anfahrt sieht man zwei schöne jungsteinzeitliche Grabanlagen links der Straße von Kröpelin kurz vor Rerik am Abzweig nach Neu Gaarz. Nur fünfzig Meter feldwärts findet man die beiden Objekte unter markanten Baumgruppen. Scheuen Sie nicht die Mühe kurz nach rechts in Richtung Neu Gaarz abzubiegen um nach etwa 30 m auf einem Parkplatz am Friedhof Ihr Fahrzeug abzustellen. Der kurze Weg zu den 1967 untersuchten Gräbern belohnt Sie mit einem schönen Blick auf Ostsee und Salzhaff. Die größere Anlage, ein Ganggrab, wurde bereits vor langer Zeit durchwühlt und seiner Decksteine beraubt. Das zweite Grab, ein Großdolmen mit Gang besitzt eine 5 m lange Kammer und ein fast quadratisches Hünenbett. Bei den Ausgrabungen kamen einzig im Bereich des bis dahin unberührten Ganges Funde zum Vorschein.

In Rerik selbst lohnt der „Schmiedeberg" eine Besichtigung, allerdings eher wegen seiner Aussicht. Er befindet sich in der Nähe der Kirche bzw. der Seebrücke und bildet als letzter Ausläufer der Kliffküste den bescheidenen Überrest einer ehemals bedeutend größeren Wallburg aus der Slawenzeit. Wie am Kap Arkona hat auch hier die Ostsee gewaltige Landmassen abgetragen. Auffällig ist die Lage am offenen Meer, die sonst nur noch für die Tempelburg auf Kap Arkona und für die Wallburg in Wustrow nördlich von Ribnitz-Damgarten belegt ist. Im Jahr 1935 vom Landesarchäologen Prof. R. Beltz und seinem Mitarbeiter W. Bastian durchgeführte Ausgrabungen nährten die irrige Auffassung, dass

Der „Schmiedeberg" in Rerik ist der Überrest einer slawischen Küstenburg

hier der Anfang des 9. Jahrhunderts genannte slawisch-wikingische Seehandelsort „Rerik" gelegen hätte. Daraufhin benannte man 1938 das Dorf Alt-Gaarz kurzerhand um. Das Landesamt für Bodendenkmalpflege hat in den letzten Jahren große Teile einer wikingerzeitlichen Handelsniederlassung und ihres Friedhofes unweit von Wismar bei Groß Strömkendorf archäologisch untersucht. Vieles spricht dafür, hier das historisch überlieferte „Rerik" zu lokalisieren.

Um weitere jungsteinzeitliche Grabanlagen besichtigen zu können, empfiehlt es sich, in Rerik auf das Fahrrad umzusteigen. Die Wege sind aber auch mit dem Auto gut befahrbar. Folgen Sie der parallel zur Küste verlaufenden Straße nach Kägsdorf, so finden Sie etwa 1 km hinter Neu Gaarz, nur wenig rechts der Straße, einen frei im Feld stehenden Urdolmen. Das Grab gehört zu den ältesten und großartigsten Anlagen dieses Typs. Neben Schälchen besitzt der acht Tonnen schwere Deckstein auch ein flaches Radkreuz, welches möglicherweise bei Kulthandlungen in der Bronzezeit oder auch in der Slawenzeit eingeschlagen wurde (↗ *Blengow*). Unbedingt sehenswert, aber durch die Lage auf einem Feld schwerer zu erreichen, ist eine an einem Teich liegende schöne Grabkammer. Zum Besuch dieser Anlage empfiehlt es sich, die Straße nach Kägsdorf nur kurz bis zum nächsten Gehöft auf der rechten Seite weiterzufahren und hinter dem Grundstück nach rechts aufwärts zu gehen. Nach etwa 250 m erreicht man die unter einem Baum liegende Grabanlage. Auf der linken Seite passiert man ein

zweites, allerdings zerstörtes Grab unter Dornengesträuch. Fahren Sie weiter nach Kägsdorf, so können Sie hier, Sommerwetter vorausgesetzt, die Chance zur Abkühlung am Strand nutzen oder aber auch den Weg zum Bastorfer Leuchtturm wählen, um dort mit einem weiten Blick über das Meer belohnt zu werden.

Der Urdolmen an der Straße nach Kägsdorf

Zeittafel

Jüngere Steinzeit

4000-2200 v. Chr.

Frühneolithikum/Mittelneolithikum

erste Ackerbaukultur;
Bau der Megalithgräber

2200-1800 v.Chr.

Spätneolithikum

Dolchgräber

Bronzezeit

2100-1200 v. Chr.

Ältere Bronzezeit

Baumsargbestattungen;
große Hügelgräber

1200-600 v. Chr.

Jüngere Bronzezeit

Urnenbestattungen in Hügelgräbern
und auf Flachgräberfeldern

Germanenzeit

600 v. Chr.-27 v. Chr.

Vorrömische Eisenzeit

Steinkreise; Urnenbestattungen auf
ausgedehnten Gräberfeldern

27 v. Chr.-375 n. Chr.

Römische Kaiserzeit

Urnenbestattungen auf Gräberfeldern;
vereinzelt Körperbestattung

375-600 n. Chr.

Völkerwanderungszeit

Abwanderung germanischer Stämme

Slawenzeit

600-1000 n. Chr.

Altslawische Zeit

Einwanderung slawischer Stämme;
weiträumige Höhenburgen;
Brandbestattung

1000-1200/1300 n .Chr.

Jungslawische Zeit

Niederungsburgen; Körperbestattung;
Christianisierung

Weiterführende Literatur – eine Auswahl

Becker, D., Wanderführer zu Bodendenkmalen im Landkreis Parchim.
Parchim 1995

Beier, H.-J., Die megalithischen, submegalithischen und pseudomegalithischen
Bauten sowie die Menhire zwischen Ostsee und Thüringer Wald.
Wilkau-Haßlau 1991

Dehio, G., Handbuch der Deutschen Kunstdenkmäler.
Mecklenburg-Vorpommern. Berlin 2000

Erichsen, J. (Hrsg.), 1000 Jahre Mecklenburg. Geschichte und Kunst
einer europäischen Region. Güstrow 1995

Hänsel, A., Hänsel, B. (Hrsg.), Gaben an die Götter. Schätze
der Bronzezeit Europas. Berlin 1997

Herrmann, J. (Hrsg.), Die Slawen in Deutschland, Berlin 1985

Herrmann, J., Ralswiek auf Rügen. Die slawisch-wikingischen Siedlungen
und deren Hinterland. Teil I/II, Lübstorf 1997/98

Jakobs, J., Die Einzelgrabkultur in Mecklenburg-Vorpommern. Schwerin 1991

Neumann, S., Sagen aus Mecklenburg. München 1993

Niederhöffer, A., Mecklenburgs Volkssagen. Leipzig 1858-62

Rassmann, K., Spätneolithikum und frühe Bronzezeit im Flachland
zwischen Elbe und Oder. Lübstorf 1993

Schmidt, V., Lieps. Eine slawische Siedlungskammer am Südende
des Tollense-Sees. Berlin 1984

Schoknecht, U., Menzlin. Ein frühgeschichtlicher Handelsplatz an der Peene.
Berlin 1977

Schubart, H., Die Funde der älteren Bronzezeit in Mecklenburg.
Neumünster 1972

Schuldt, E., Groß Raden. Ein slawischer Tempelort des 9./10. Jahrhunderts
in Mecklenburg. Berlin 1985

Schuldt, E., Die mecklenburgischen Megalithgräber. Berlin 1972

Wossidlo, R., Mecklenburgische Sagen. Rostock 1939

Periodika

Archäologische Berichte aus Mecklenburg-Vorpommern. Waren, ab 1994

Greifswalder Mitteilungen. Greifswald, ab 1994

Jahrbuch für Bodendenkmalpflege in Mecklenburg-Vorpommern.
Schwerin, ab 1954

Neubrandenburger Mosaik. Neubrandenburg, ab 1976

Wismarer Studien zur Archäologie und Geschichte. Wismar, ab 1991

Begriffserklärung

Das Megalithgrab im Park Basedow

Burgwall

Meist slawische Befestigungsanlage, die bevorzugt in Wassernähe, seltener auf geschützten Höhenlagen errichtet wurde. Neben kleinen kreisrunden Anlagen (↗ *Groß Raden*) gibt es auch weiträumige Plätze dieser Art. Diese sind dann oftmals mehrteilig, bestehen also aus einer Haupt- und einer oder mehrerer Vorburgen (↗ *Neubrandenburg,* ↗ *Rothemühl,* ↗ *Teterow)*.

Die Wälle bestanden vorrangig aus heute natürlich längst vergangenen Holzeinbauten oder aufeinander geschichteten Baumstämmen, die mit Erde, Lehm oder auch Grassoden aufgefüllt bzw. überschüttet wurden. Während auf der Wallkrone ein aus Holz ausgeführter Wehrgang die Verteidiger schützte, diente der meist Wasser führende Graben vor dem Wall als Annäherungshindernis.

Die Tore bestanden entweder aus turmförmigen Holzbauten oder auch aus tunnelartigen Walldurchbrüchen. Ausgrabungen haben Hinweise auf kasemattenartige Anbauten hinter den Wällen erbracht. Neben den Befestigungsanlagen aus slawischer Zeit gibt es wenige Wallburgen vom Ende der Bronzezeit. Diese nutzen gewöhnlich natürlich geschützte Höhenlagen mit steilen Hängen (↗ *Basedow)*. Auch die Burgen des deutschen Mittelalters besaßen mitunter große Wallanlagen, die die gemauerten Befestigungswerke und Wohnbauten umgaben (↗ *Stuer)*. Nach Abbruch des Mauerwerks sind diese Erdwälle und Burghügel die einzigen sichtbaren Reste (↗ *Prillwitz)*.

Großsteingrab/Megalithgrab/Hünenbett

Aus Findlingsblöcken gebildete Grabanlage, die gewöhnlich aus einer rechteckigen Steinkammer besteht, die von bis zu sieben Decksteinen abgedeckt wird. Ursprünglich waren die Innenräume mittels Trockenmauerwerk in den Zwischenräumen der Steinblöcke komplett abgedichtet. Über eine Kammer schüttete man gewöhnlich einen Erdhügel auf. Oft bilden rechteckige oder auch runde Einfassungen aus Steinblöcken eine Trockenmauer rings um die eigentliche Grabanlage. Hat diese Mauer einen rechteckigen oder auch trapezförmigen Grundriss spricht man von Hünenbetten.

Megalithgräber entstanden nur zu einer bestimmten Zeit in der jüngeren Steinzeit. Man hat sogar vermutet, dass beispielsweise die Grabbauten der Insel Rügen aufgrund ihres einheitlichen Bauschemas innerhalb nur einer Generation errichtet wurden. Es gibt mehrere Arten von Großsteingräbern. Der Urdolmen als älteste Form besitzt gewöhnlich nur einen großen Deckstein über einer mitunter sehr kleinen rechteckigen Kammer. Beispiele finden sich im Nordteil des Everstorfer Forstes bei ↗ *Barendorf.* Demgegenüber weist ein Großdolmen einen länglichen Grundriss auf. Mehrere Decksteine wurden von entsprechend vielen Trägersteinpaaren aufgenommen. Der Zugang in Form eines Plattentunnels befindet sich beim Großdolmen stets an einer Stirnseite (↗ *Basedow*). Die größten Megalithbauten bilden die Ganggräber. Sie sind in der Regel aus fünf bis sieben Jochen, also je einem Deckstein mit seinen beiden Trägersteinen, errichtet worden; der Zugangstunnel befindet sich stets an einer in südliche Richtungen zeigenden Längsseite (↗ *Gnewitz,* ↗ *Klein Görnow*).

Eine Sonderform bildet das kammerlose Hünenbett. Hier umschließt eine ausgedehnte Einfassung aus Findlingsblöcken einen rechteckigen Bereich. Im Inneren dieser Einfassung finden sich lediglich ein oder zwei kleine Steinkisten aus plattigen Steinen (↗ *Nobbin,* ↗ *Stralendorf).*

Hügelgrab

Über einer Grabstelle errichteter Hügel aus Erde, Sand, Grassoden oder Steinen. Das eigentliche Grab kann eine Skelettbestattung, beispielsweise in einem Baumsarg, enthalten oder auch eine Leichenbrand-Beisetzung in einer mit Steinen umkleideten Tonurne. Gelegentlich kann ein Grabhügel auch leer sein. Möglicherweise ist der Hügel in diesem Fall für einen in der Fremde verstorbenen Menschen aufgeschüttet worden. Häufig kam es zu Nachbestattungen in der Peripherie des Hügels. Oft sind die Anlagen von einem oder mehreren Steinkreisen umgeben.Grabhügel erbaute man in nahezu allen prähistorischen Zeiten. Die größten Anlagen dieser Art stammen aus der älteren Bronzezeit.

Schälchensteine

In der Bronzezeit rieb oder schlug man kleine napfartige Vertiefungen auf die Oberfläche großer Steine. Diese Schälchen finden sich sowohl auf Deck- und Trägersteinen von Großsteingräbern als auch an frei stehenden Findlingsblöcken. Die Funktion dieser Schälchen ist trotz vieler Bemühungen nicht geklärt. Da sich ein Teil der Schälchen auf senkrecht stehenden Flächen findet, kann zumindest ihnen nicht die Aufgabe zugekommen sein, Opfergaben beispielsweise in flüssiger Form aufzunehmen, vielleicht abgesehen von Fett und Honig.

Sühnesteine

Von der im deutschen Mittelalter praktizierten Rechtsauffassung, wonach ein Mord oder Totschlag unter anderem durch die Errichtung eines Sühnekreuzes durch den Täter geahndet wurde, zeugen verschiedene Exemplare aus Stein. Mitunter haben aber auch Angehörige des Verstorbenen für die Aufstellung dieser Erinnerungsmale gesorgt. Eine stelenartige Form bestand aus Kalkstein und wies am oberen Ende ein von einem Kreis umschlossenen Kruzifix auf (↗ *Barendorf*, ↗ *Schimm*). Die üblicherweise am Ort des Verbrechens aufgerichteten Steine sind in moderner Zeit oft zu nahe gelegenen Kirchen oder auch Museen überführt worden. So steht auf dem Kirchhof in Gustow auf Rügen ein 2,5 m hoher Sühnestein von 1510.

Boot   Antrieb Pinguin-Prinzip
"Hobbit"

Symbole

Großsteingrab . . . .

Hügelgrab . . . .

Burgwall . . . .

Steinkreis . . . .

Besonderer Stein . . . .

Schiffsgräber . . . .

Museum/Archäologieprojekt . . . .

Bibliografische Information Der Deutschen Bibliothek
Die Deutsche Bibliothek verzeichnet diese Publikation in der
Deutschen Nationalbibliografie; detaillierte bibliografische
Daten sind im Internet über http://dnb.ddb.de abrufbar

Umschlaggestaltung: Atelier Jürgen Reichert, Stuttgart,
unter Verwendung zweier Aufnahmen des Autors

Beratende Mitwirkung: Ulrich Schoknecht, Waren/Müritz

2. korrigierte Auflage, Stuttgart 2004
© Konrad Theiss Verlag GmbH, Stuttgart 2002
Alle Rechte vorbehalten
Gestaltung und Satz: Marianne Graetz, Berlin
ISBN 3-8062-1672-X

Fotonachweis:
Alle Fotografien vom Autor, außer S. 39 (Christine Jörß),
51, 93 (Vita Jünemann), 31 (Oli Keinath),
14, 15, 49, 54, 59, 79 oben, 87, 88, 89 (Heike Stricker)
Abbildungen S. 9: Umzeichnung nach E. Schuldt,
Die mecklenburgischen Megalithgräber, Berlin 1972